# Endangered Animal
Animal Papertoy Book

산양 Long-tailed goral — VU

그레비얼룩말 Grevy's zebra — EN

올빼미 Owl — LC

오색앵무 Rainbow lorikeet — LC

메이저미첼코카투 Major Mitchell's cockatoo — LC

스페인스라소니 Iberian lynx — EN

레서판다 Red panda — EN

맨드릴개코원숭이 Mandrill — VU

붉은여우 Red fox — LC

호랑이 Tiger — EN

**저자 소개**
**DNA디자인스튜디오**

DNA디자인스튜디오는 '세상에 없던 유니크한 즐거움~!'을 모토로 모두가 즐거워할 수 있는 콘텐츠를 기획하고 디자인합니다.
디자인의 긍정적인 기능으로 인해 많은 사람들이 삶에 가치를 더하기를 기대합니다.

독창적인 디자인 스타일을 기반으로 새로운 시도에 앞장서며 브랜딩, 콘텐츠 개발, 상품 개발, 출판 등 다양한 분야의 콘텐츠 개발 프로젝트를 진행하고 있습니다.
특히, DNA페이퍼토이는 DNA디자인스튜디오 창립 아이템으로 10년 이상의 제작 노하우와 세심한 개발 방식으로 전 연령대의 사람들의 사랑을 받고 있습니다. 그중 어린이들의 교육적인 측면에서의 기능을 많이 인정받고 있어, 그 장점을 충분히 표현하고 있는 이번 페이퍼토이 북의 시도는 큰 의미를 지닌다고 할 수 있습니다. 자, 이제 DNA페이퍼토이 세상으로 여행을 떠날 준비가 되었나요?

## CONTENTS

**01** 레서판다
Red panda

**02** 스페인스라소니
Iberian lynx

**03** 붉은여우
Red fox

**04** 오색앵무
Rainbow lorikeet

**05** 호랑이
Tiger

**06** 맨드릴개코원숭이
Mandrill

**07** 메이저미첼코카투
Major Mitchell's cockatoo

**08** 올빼미
Owl

**09** 산양
Long-tailed goral

**10** 그레비얼룩말
Grevy's zebra

# 페이퍼토이로 만나는 10종의 멸종위기동물!

세계의 멸종위기동물을 페이퍼토이로 만들어봐요!

멸종 위험도에 따라 생물을 분류한 등급이 있다는 것을 아시나요? 개체 수의 감소로 인해 특히 집중적 보호가 필요한 종이 있습니다.

세계자연보전연맹(IUCN)은 야생 생물의 멸종을 방지하고 다양성을 보존하기 위해 1964년부터 멸종위기종을 조사하여 위기의 정도에 따라 아래의 9개의 단계로 나누어 발표하고 있습니다. 멸종위기등급에 대해 배우고 각 동물들의 특징과 생태계에 대해 배워봅시다.

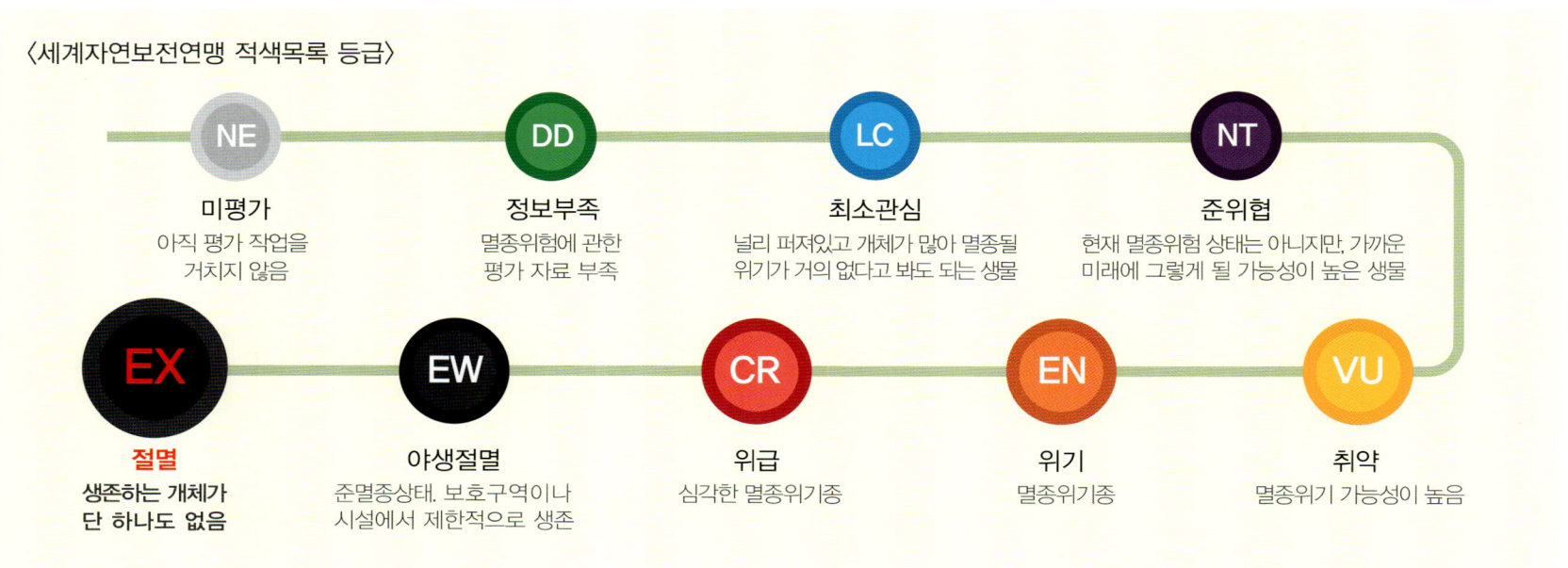

〈세계자연보전연맹 적색목록 등급〉

- **NE** 미평가 - 아직 평가 작업을 거치지 않음
- **DD** 정보부족 - 멸종위험에 관한 평가 자료 부족
- **LC** 최소관심 - 널리 퍼져있고 개체가 많아 멸종될 위기가 거의 없다고 봐도 되는 생물
- **NT** 준위협 - 현재 멸종위험 상태는 아니지만, 가까운 미래에 그렇게 될 가능성이 높은 생물
- **EX** 절멸 - 생존하는 개체가 단 하나도 없음
- **EW** 야생절멸 - 준멸종상태. 보호구역이나 시설에서 제한적으로 생존
- **CR** 위급 - 심각한 멸종위기종
- **EN** 위기 - 멸종위기종
- **VU** 취약 - 멸종위기 가능성이 높음

**01 레서판다** Red panda
네팔과 중국에 서식하는 작고 귀여운 포유동물입니다. 여섯 번째 손가락이라고 불리는 가짜 엄지를 가지고 있습니다.

**02 스페인스라소니** Iberian lynx
이베리아반도에서 사는 고양잇과 포유류로, 꼬리가 뭉툭하고 짧습니다. 야행성이며 해 질 녘에 가장 활동적입니다.

**03 붉은여우** Red fox
붉은 털과 길쭉한 입이 특징이며 시각, 후각, 청각이 예민합니다. 호기심이 많아 주변 사물에 관심이 많습니다.

**04 오색앵무** Rainbow lorikeet
몸에 여러 가지 색을 지닌 화려한 앵무새입니다. 꽃의 꿀을 먹기 위해 돌기 모양의 혀를 가지고 있습니다.

**05 호랑이** Tiger
현존하는 모든 고양잇과 중 가장 큰 동물이자 최상위 포식자입니다. 평상시에는 발톱집 속에 발톱을 넣어 둡니다.

**06 맨드릴개코원숭이** Mandrill
아프리카에 분포하며 짙고 화려한 색의 얼굴을 가진 개코원숭이입니다. 화가 났을 때는 격렬하게 땅바닥을 칩니다.

**07 메이저미첼코카투** Major Mitchell's cockatoo
호주의 건조한 내륙 지역에 서식하며 화려하고 다양한 색의 볏을 가진 유일한 관앵무입니다.

**08 올빼미** Owl
동물 중 가장 좋은 야간 시력으로 어두운 숲속에서 은밀하고 정확하게 먹잇감을 노리는 사냥꾼입니다.

**09 산양** Long-tailed goral
주로 다른 동물이 접근하기 어려운 위험한 산악 지대에 서식합니다. 산에서 활동하기 쉽도록 발굽이 발달해 있습니다.

**10 그레비얼룩말** Grevy's zebra
흑백 얼룩무늬를 가진 아프리카를 대표하는 유명한 동물 중 하나입니다. 다른 종보다 줄무늬가 가늘고 촘촘합니다.

## 페이퍼토이 만들기 TIP

1. 완성된 이미지와 조립설명서를 천천히 읽어보세요.
2. 부품을 도면에서 뜯어내고, 점선을 따라 접어주세요.
3. 물방울에 적힌 순서대로 풀을 발라 붙여주세요.
4. 각각의 부품을 조립한 후 하나로 합쳐주세요.
5. 화살표가 그려진 부품은 알맞은 홈을 찾아 끼워주세요.
6. 완성된 페이퍼토이는 풀이 완전히 마를 때까지 10분정도 기다려줍니다.

[페이퍼토이 도면 2장]

[목공용 풀 / 면봉 / 양면테이프]
*함께 사용하면 편리해요

[완성된 페이퍼토이 예시]

# 레서판다 Red panda

네팔과 중국에 서식하는 작고 귀여운 포유동물입니다.

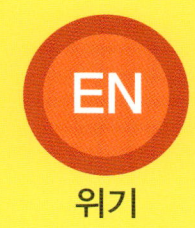
위기

[레서판다 분포도]

- **학명**　　　　Ailurus fulgens
- **크기**　　　　51~63.5cm
- **수명**　　　　약 8~10년
- **멸종위기등급**　IUCN Red List 위기 (EN)

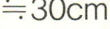
≒30cm

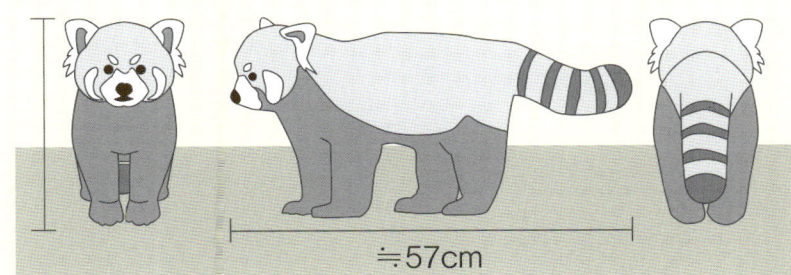
≒57cm

레서판다의 모피는 주로 빨간색 또는 주황색 갈색이며 검은 배와 다리가 있습니다. 주둥이, 뺨, 눈썹 및 귀 안쪽 가장자리는 대부분 흰색이며 덤불 같은 꼬리에는 빨간색과 담황색 고리 패턴이 있고 끝이 짙은 갈색입니다.

레서판다는 침엽수림뿐만 아니라 온대 활엽수림과 혼합림에 서식하며, 주로 나무 위에서 생활합니다.

레서판다는 야행성이고, 대나무 잎을 먹습니다. 과일, 뿌리, 도토리, 이끼 등도 먹으며, 가끔 새, 알, 작은 설치류, 곤충도 먹는 것으로 알려져 있습니다. 암컷과 수컷이 털 빛깔과 크기가 비슷합니다. 앞다리가 안쪽으로 굽으며 발바닥은 평평해서 걸을 때 전면이 바닥에 닿습니다. 레서판다의 천적은 눈표범과 담비입니다.

멸종위기의 이유에는 불법 밀렵도 있지만, 숲의 개발로 인한 서식지가 줄어드는 것이 더 큰 이유입니다. 전 세계에서 연간 10,000여 마리의 레서판다가 죽는다고 합니다.

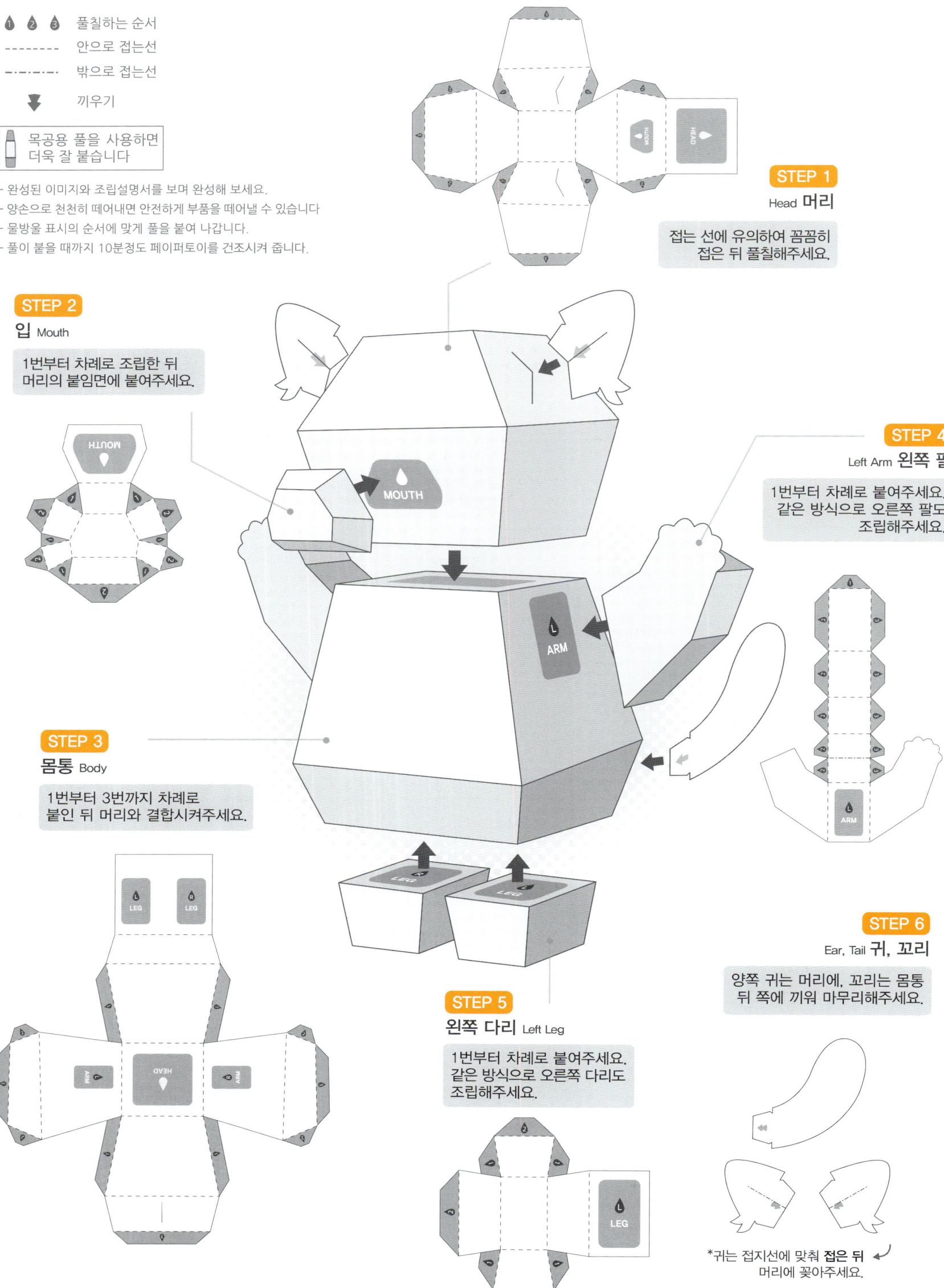

# 레서판다 페이퍼토이 도면 ①

레서판다는 일반적으로 나무나 다른 높은 공간에서 휴식을 취하거나 잠을 잡니다.

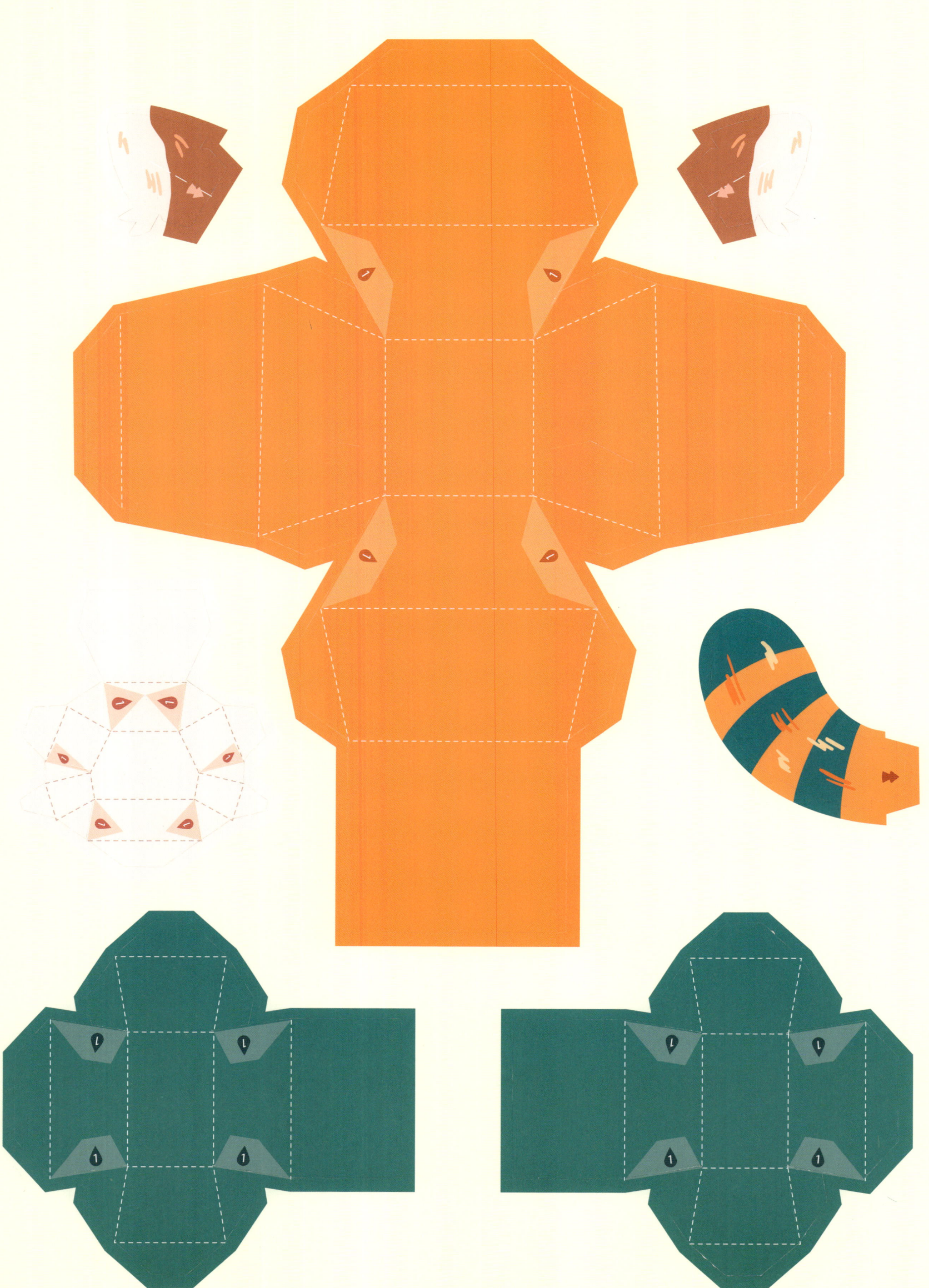

# 스페인스라소니 Iberian lynx

이베리아반도에서 사는 고양잇과 포유류로, 꼬리가 뭉툭하고 짧습니다.

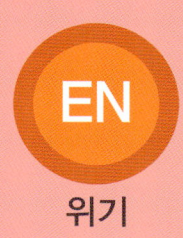
EN
위기

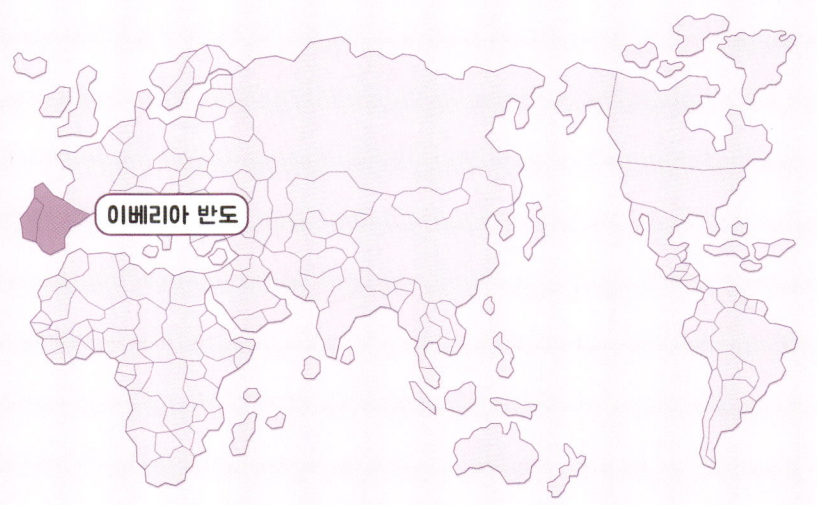
이베리아 반도

[스페인스라소니 분포도]

- **학명**  Lynx pardinus
- **크기**  80~98cm
- **수명**  약 14년
- **멸종위기등급**  IUCN Red List 위기 (EN)

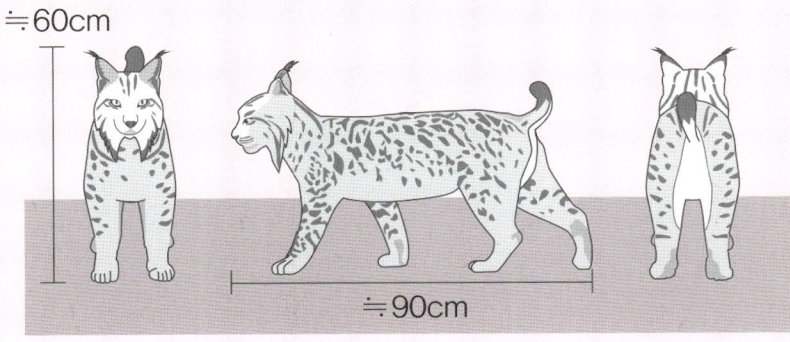
≒60cm  ≒90cm

스페인스라소니는 이베리아 반도에 서식하며, 심각한 멸종위기에 놓여있는 고양잇과의 종입니다. 단거리는 빠른 속도로 질주하지만 먼 거리를 뛰면 곧 피로를 느낍니다.

나무를 잘 타며 나뭇가지로 몸을 잘 숨깁니다. 보통 물을 피하지만 위급하거나 필요할 때에는 쉽게 넓은 강을 헤엄쳐서 건너갑니다.

무늬는 호랑이와 같은 줄무늬를 띠고 색깔은 어두운 누른빛 또는 회갈색에 불명확한 갈색 무늬가 있습니다. 귀는 다른 고양잇과 동물 중 가장 뛰어난 시력을 가지고 있으며, 뾰족하고 끝부분에 긴 털이 나 있습니다.

밀렵, 서식지 훼손, 주식인 산토끼 수의 감소가 개체수 극감의 원인으로 지목되고 있습니다.

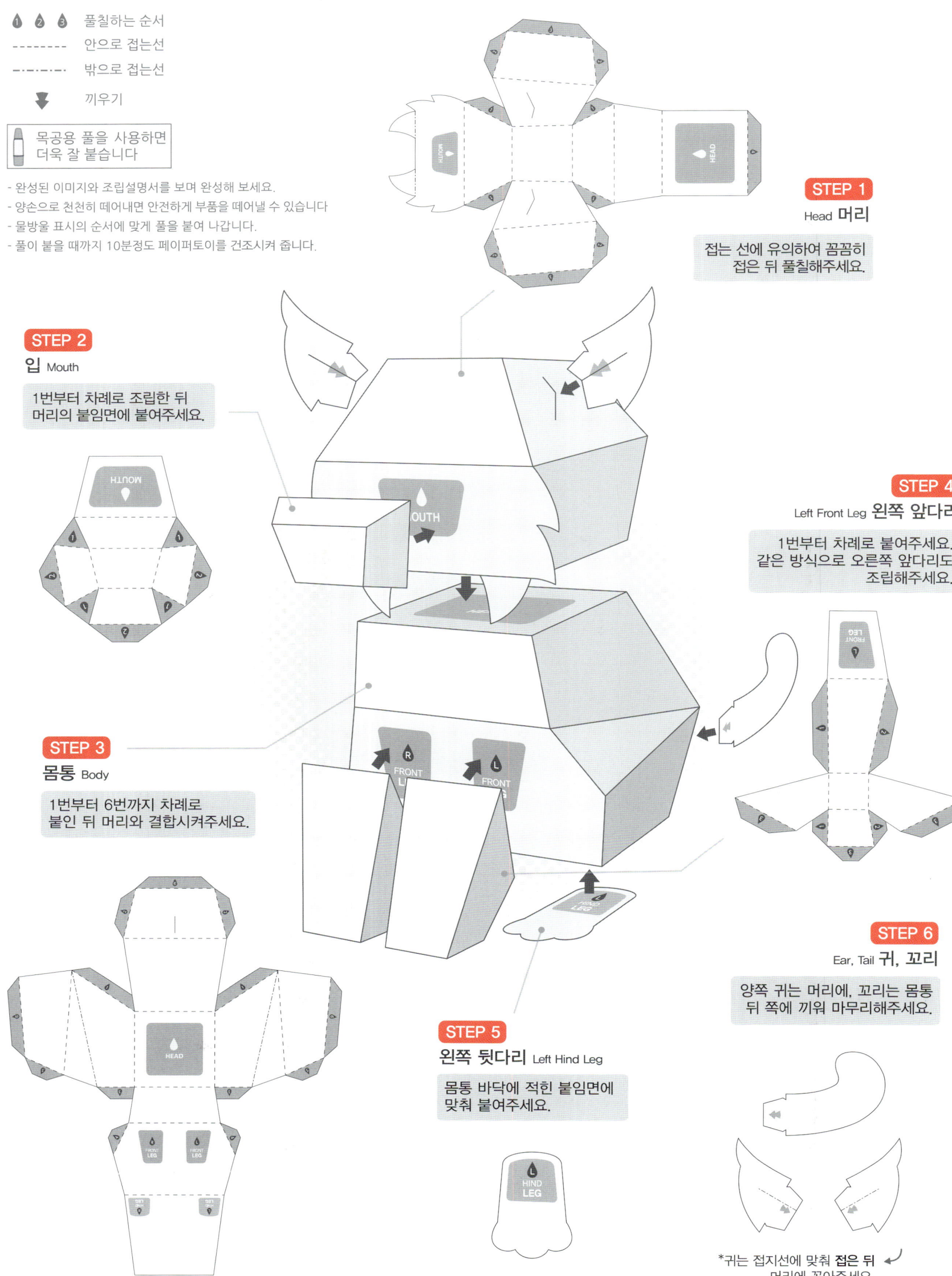

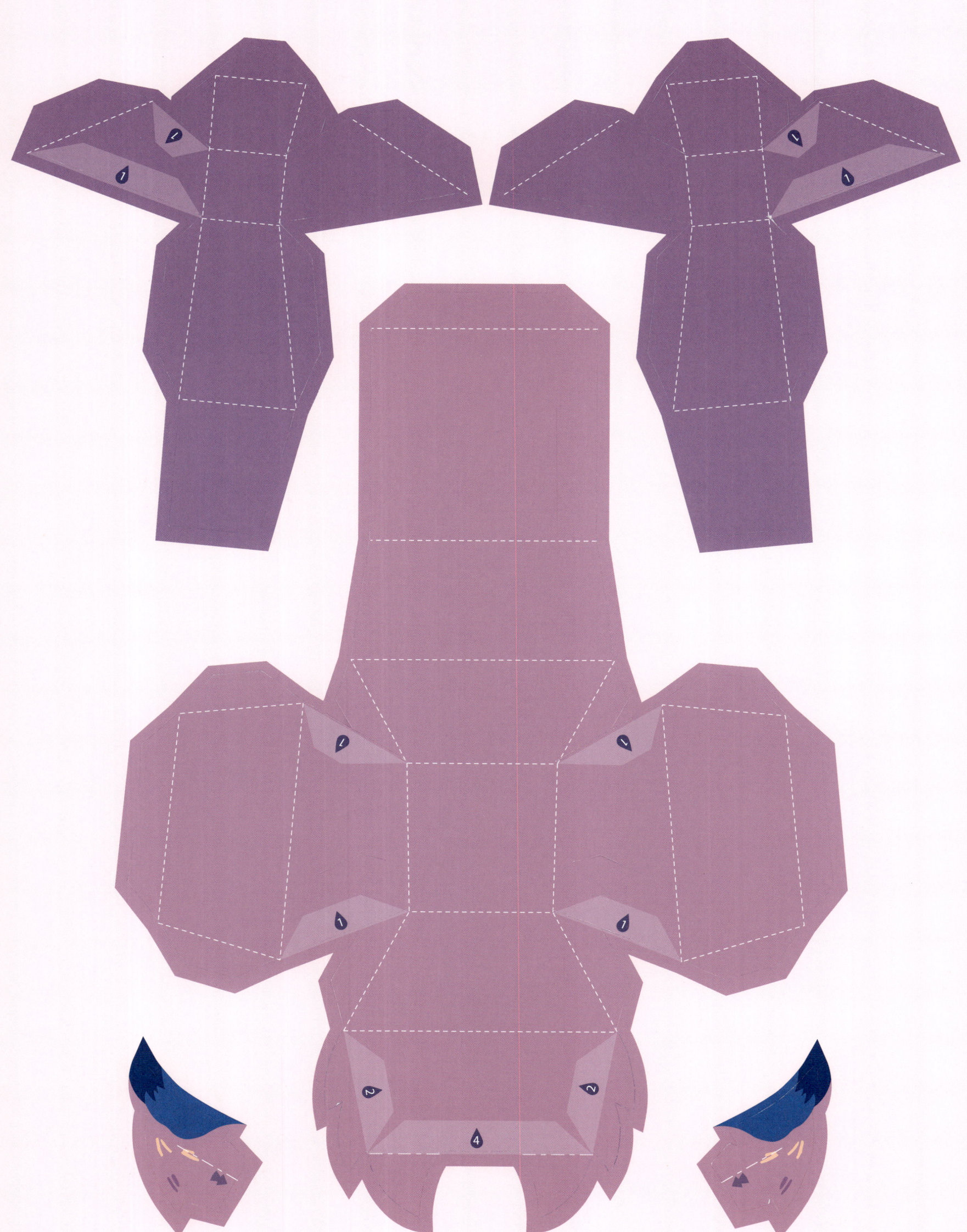

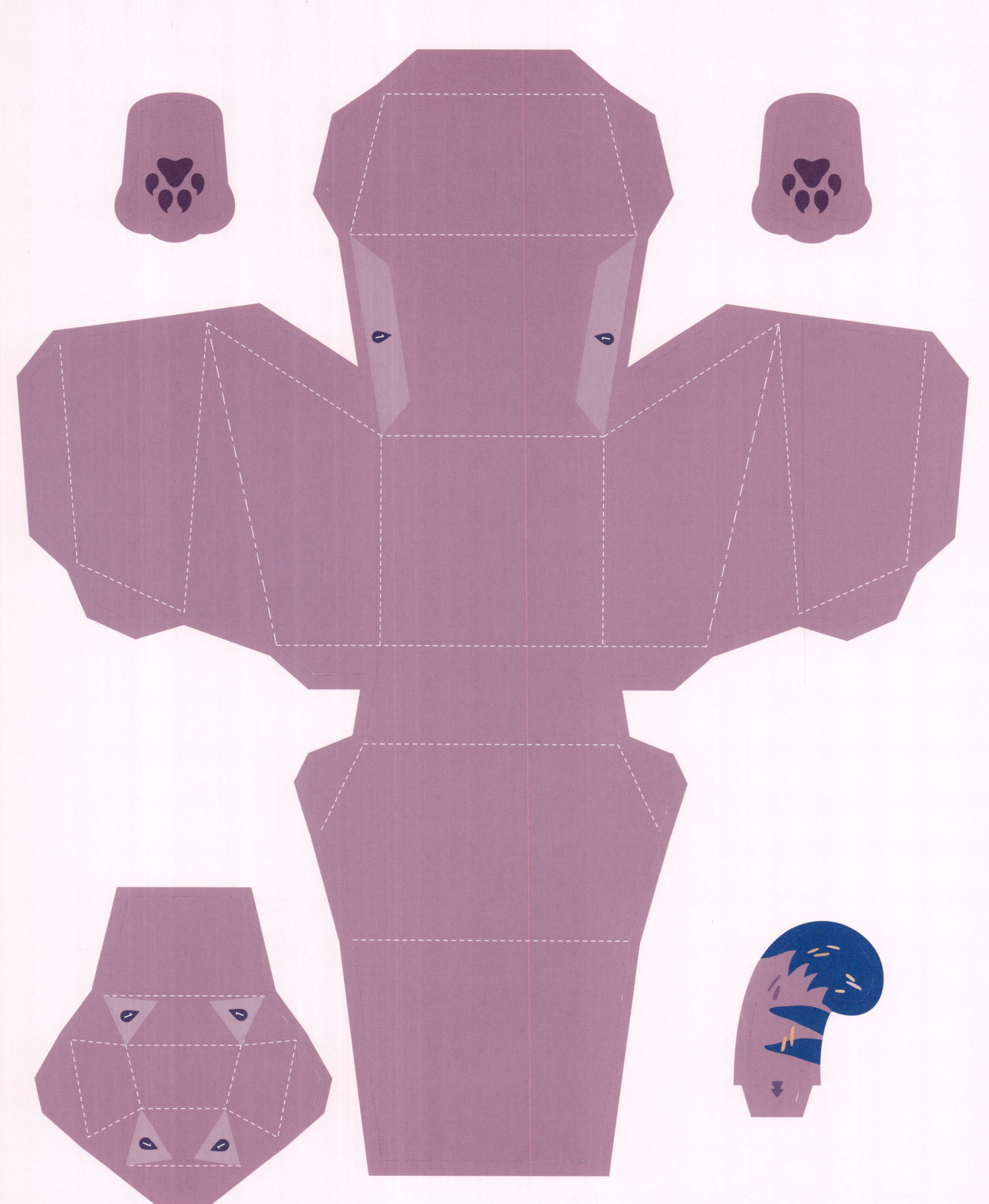

# 붉은여우 Red fox

붉은 털과 길쭉한 입이 특징이며 여우하면 떠오르는 대표적인 종입니다.

최소관심

[붉은여우 분포도]

- **학명**      Vulpes vulpes
- **크기**      60~90cm
- **수명**      약 10년
- **멸종위기등급**      IUCN Red List 최소관심 (LC)

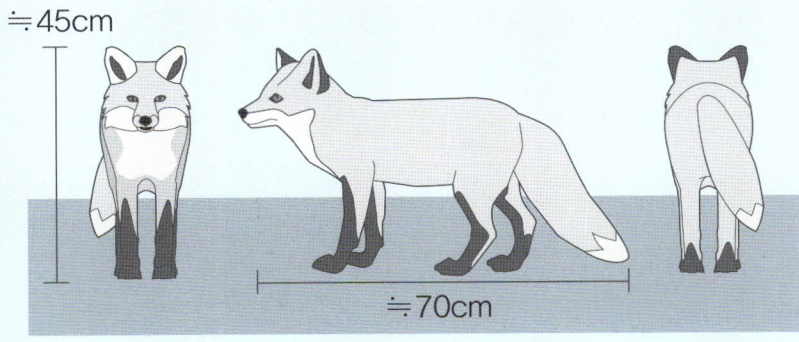

붉은여우는 사회적 동물로, 새끼 양육을 전담하는 한 쌍의 암수가 이끄는 가족 집단을 형성하며, 그 하위로서 주로 아성체가 새로 태어난 부모의 새끼를 돌보는 데 일조하는 방식으로 생활이 이루어집니다.

붉은여우는 잡식성으로, 주로 쥐가 주식이나 두더지, 꿩, 도마뱀과 같은 파충류, 닭이나 오리와 같은 가금류 등도 먹이가 되며, 이외에 과일이나 채소도 때때로 먹습니다. 주로 포식자들 사이에서 서열이 가장 낮으며, 시체를 발견할 시 다른 동물들에게 우선 양보한 후 가장 나중에 고기를 먹는 것으로 알려져 있습니다. 붉은여우는 검독수리에게 사냥당하는 경우도 있으나, 인간의 사냥에는 극히 취약한 모습을 보입니다. 붉은 여우는 일출 전 이른 아침과 늦은 저녁에 사냥하는 것을 좋아합니다.

붉은여우는 수 세기 동안 해충과 모피를 이유로 광범위하게 사냥되었습니다. 한반도 전역에 서식하였으나 밀렵, 산림파괴 등의 이유로 개체수가 급감하였습니다. 한국에서도 멸종위기종으로 선정되어 관리를 받고 있습니다.

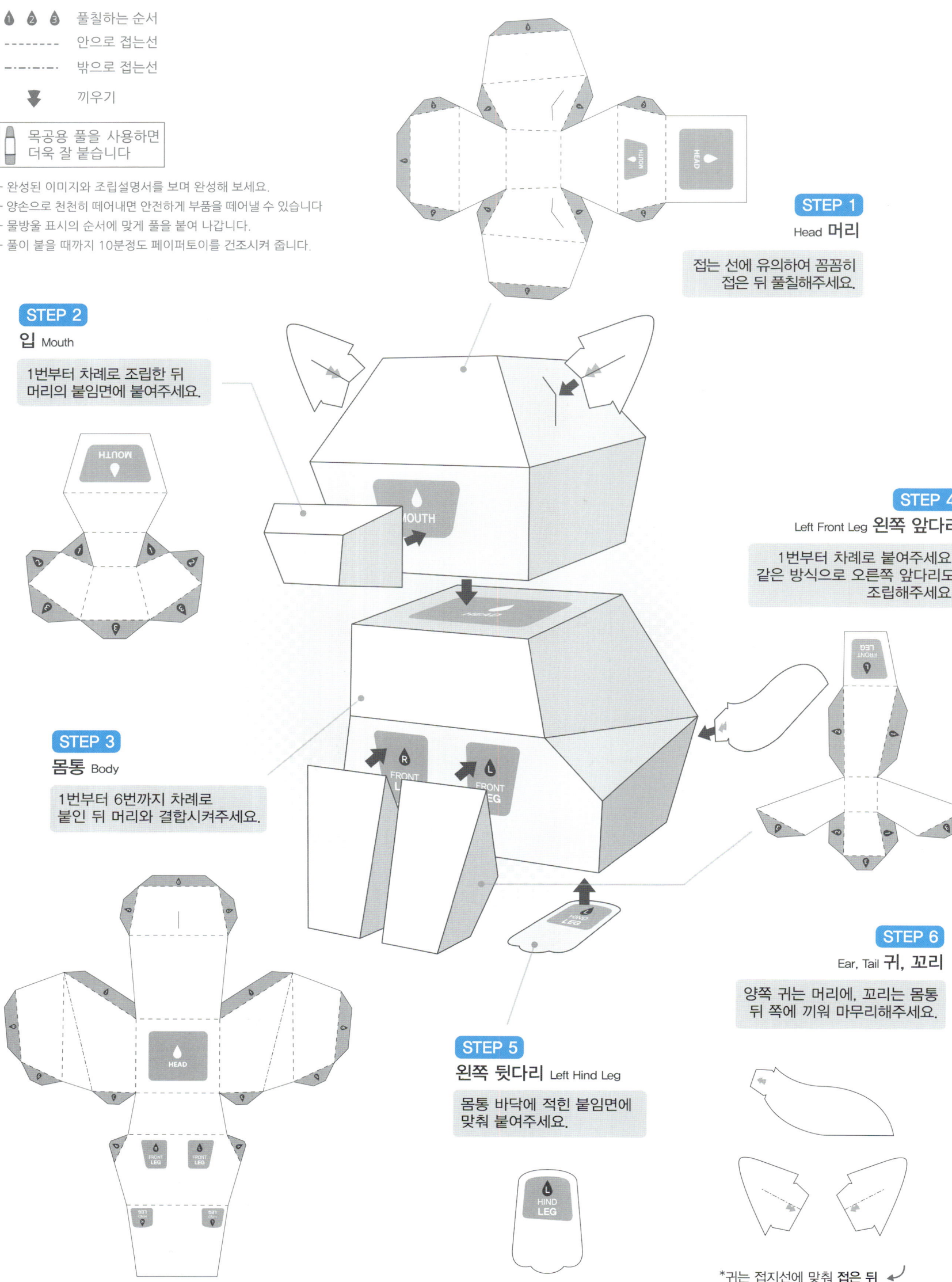

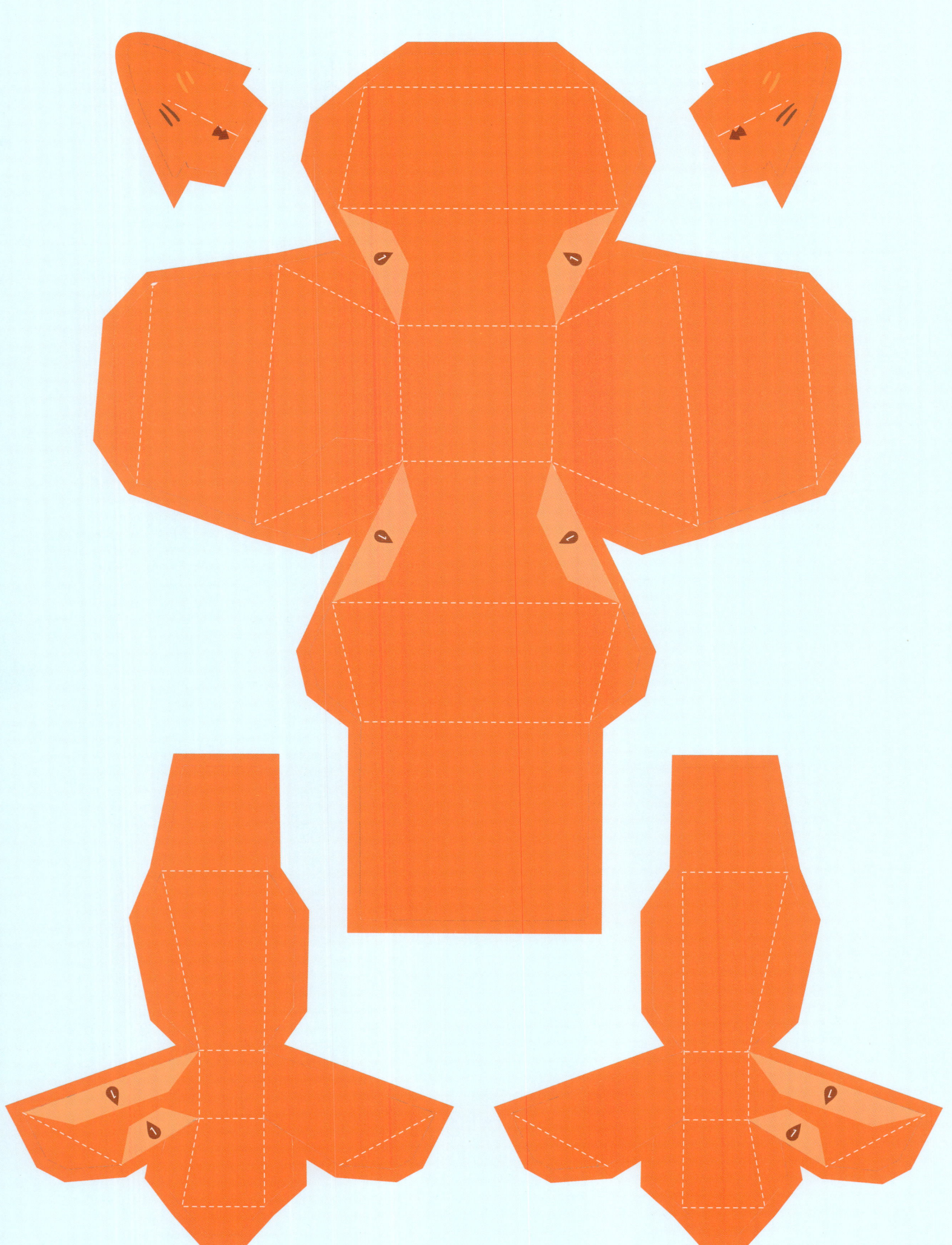

# 오색앵무 Rainbow lorikeet

빨강, 파랑, 초록, 주황 등 여러 가지 색을 지닌 화려한 앵무새입니다.

최소관심

[오색앵무 분포도]

| | |
|---|---|
| · 학명 | Trichoglossus haematodus |
| · 크기 | 28~30cm |
| · 수명 | 약 25년 |
| · 멸종위기등급 | IUCN Red List 최소관심 (LC) |

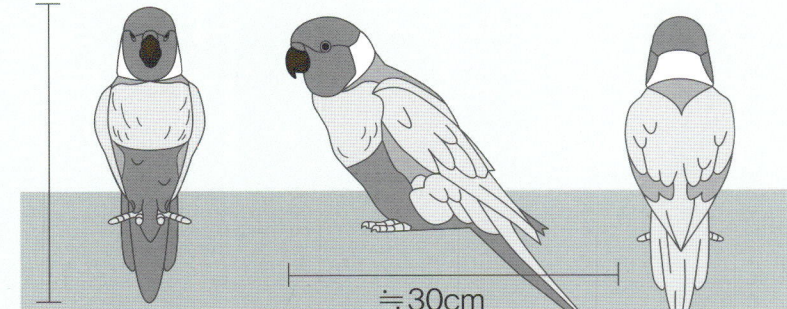

몸길이 28~30cm의 중형 앵무입니다. 초록색과 파랑이 혼합된 화려한 앵무입니다. 서식지는 열대우림과 해안가 덤불 그리고 삼림지역입니다.

오색앵무의 깃털은 매우 밝고 다채롭습니다. 머리는 짙은 청색에 녹황색 목덜미 깃이 있고 나머지 윗부분(날개, 등, 꼬리)은 녹색입니다. 가슴은 주황색/노란색입니다. 배는 짙은 파란색이고 허벅지와 엉덩이는 녹색입니다. 오색앵무의 성별을 육안으로 구분하기는 굉장히 어렵습니다.

오색앵무는 대부분 일부일처제이며, 오랜 기간 동안 짝을 이루며 지냅니다.

사육할 때는 주로 과일을 먹이로 주는데 그 때문에 배설물이 지저분하여 새장이나 주변을 더럽히기 쉽습니다. 따라서 실내보다는 옥외에서 사육하는 것이 좋습니다. 어릴 때부터 길들이면 재롱이 많아 친근감을 줍니다. 넓은 공간을 만들어 사육하는 것이 좋으며, 좁은 공간에서는 사육하기 어렵습니다.

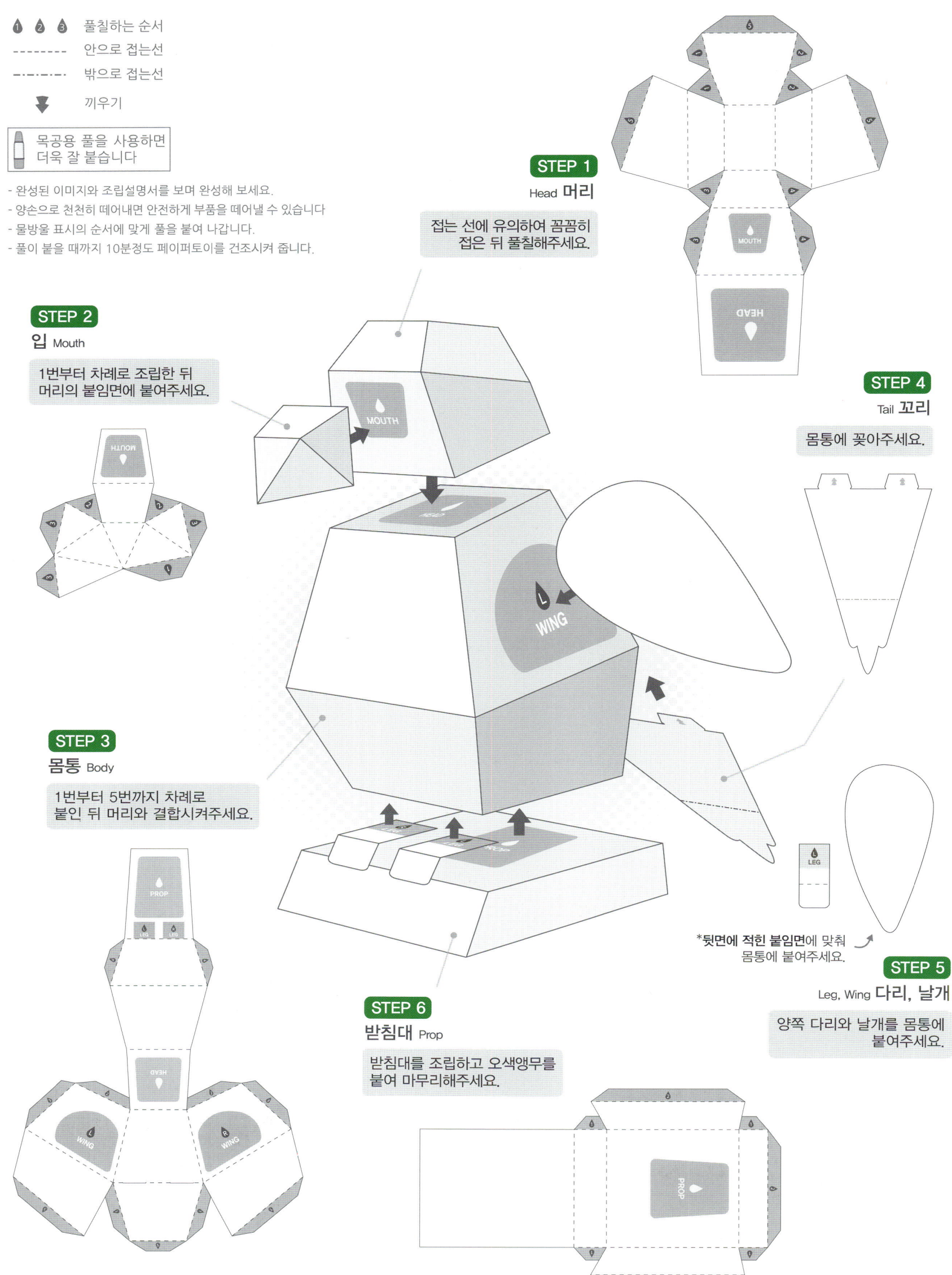

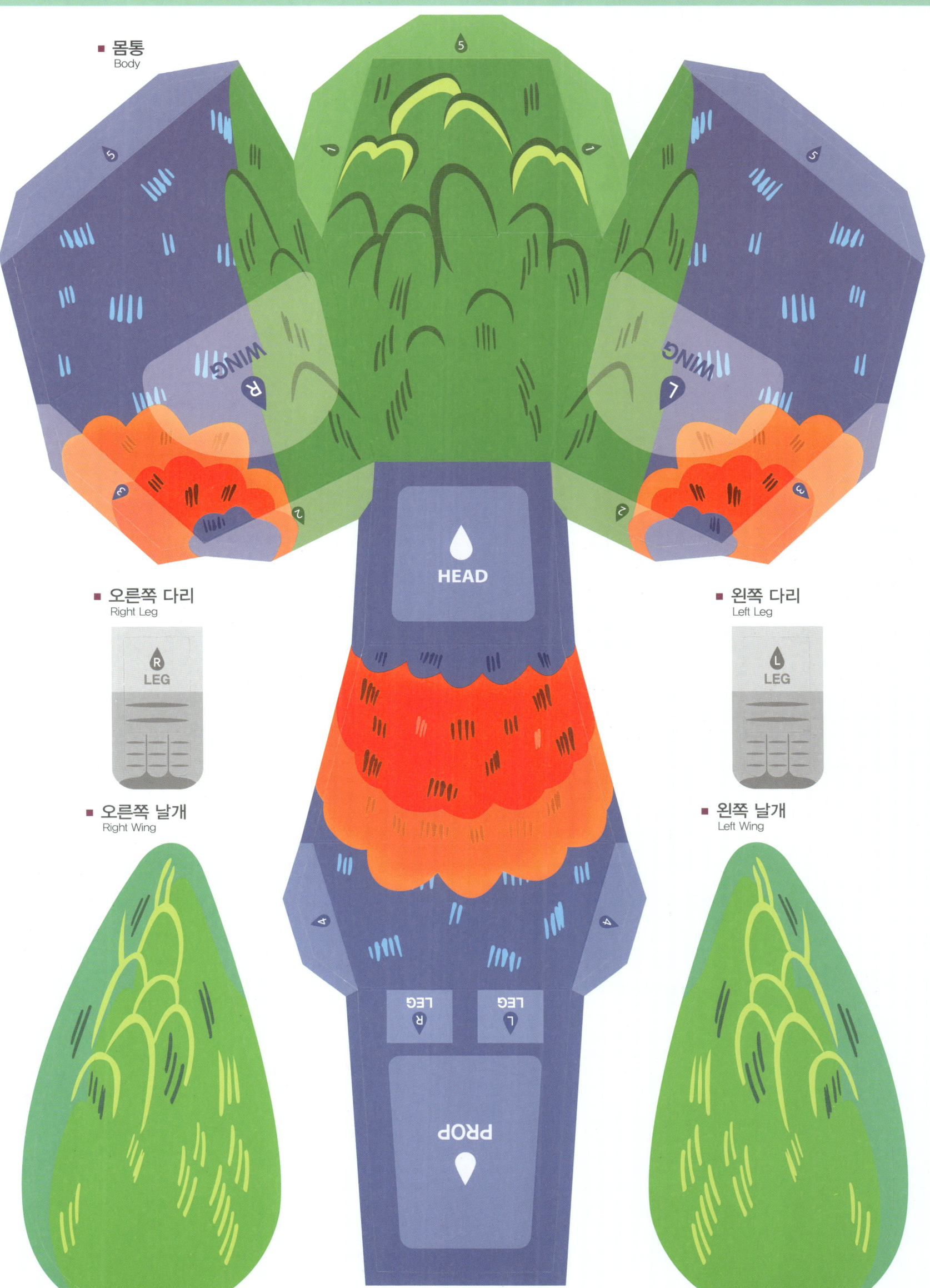

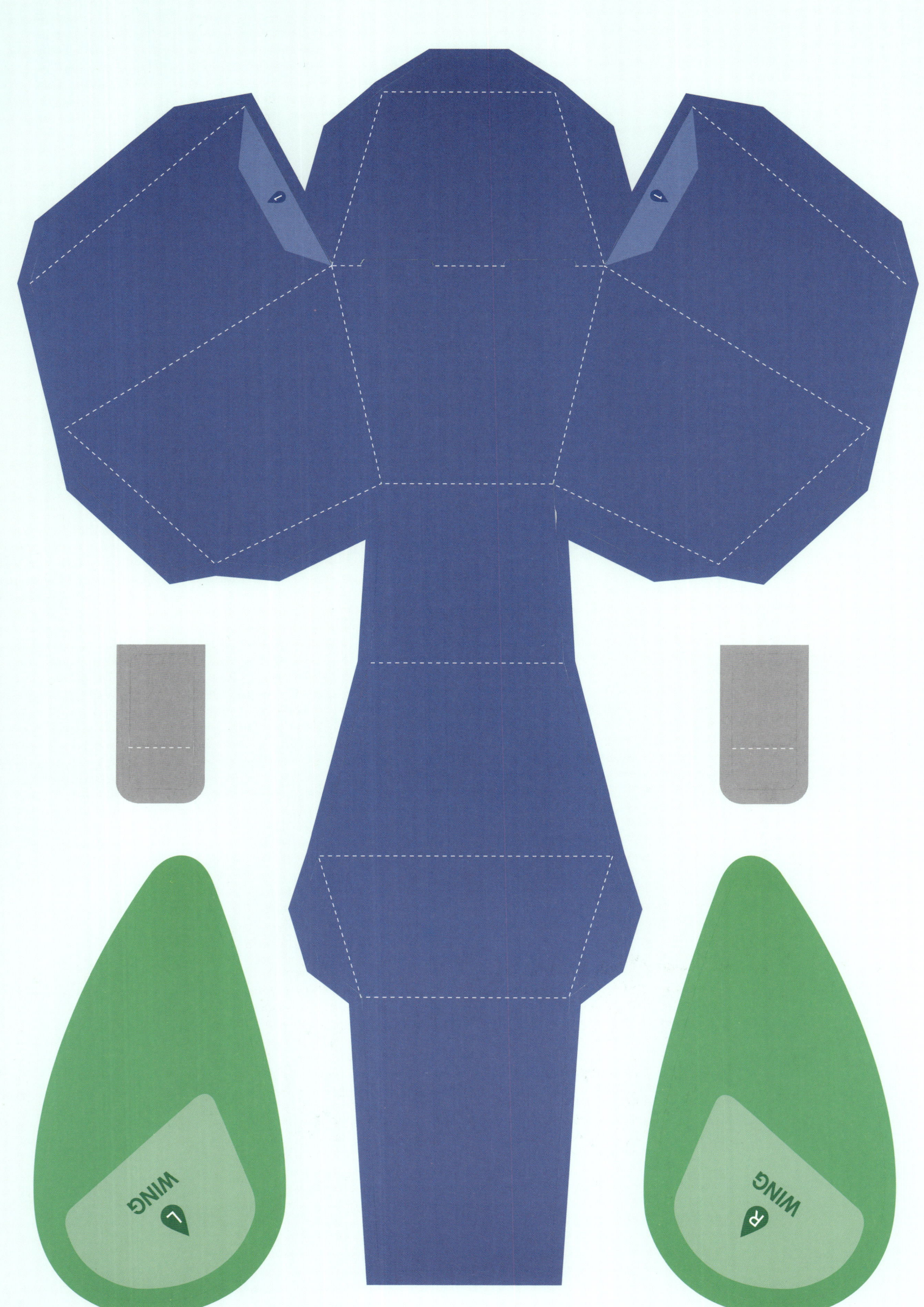

# 호랑이 Tiger

현존하는 모든 고양잇과 중 가장 큰 동물이자 최상위 포식자입니다.

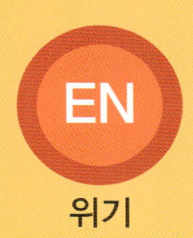
위기

[호랑이 분포도]

| | |
|---|---|
| •학명 | Panthera tigris |
| •크기 | 186~400cm |
| •수명 | 약 15~20년 |
| •멸종위기등급 | IUCN Red List 위기 (EN) |

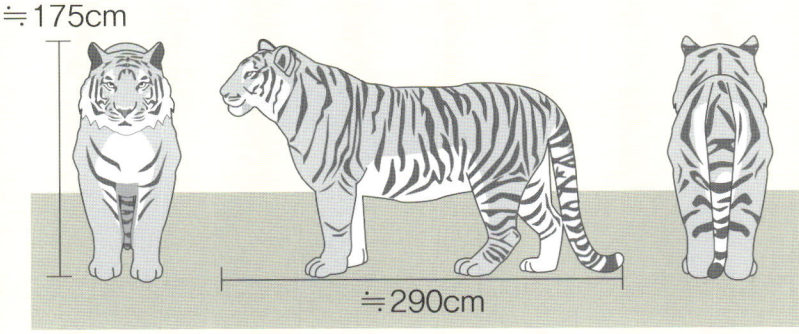

호랑이는 강한 앞다리를 가진 근육질의 몸, 큰 머리, 몸길이의 절반 정도 되는 꼬리를 가지고 있습니다. 삼림·갈대밭·바위가 많은 곳에 살며 물가의 우거진 숲을 좋아합니다.

대형 고양잇과의 특징으로, 잠복하고 기다리거나 소리 없이 다가가서 사냥하는데, 작은 동물은 목덜미를 물어 죽이고 큰 동물은 송곳니로 기도에 구멍을 내어 질식시켜 죽입니다. 주로 밤에 사냥하는데, 눈과 귀와 후각으로 사냥합니다. 호랑이의 이빨은 먹이를 물고 살덩어리를 뜯어내기에 적합하고 짧은 거리는 아주 빨리 뛸 수 있습니다.

호랑이는 능숙한 수영 선수입니다. 호랑이들은 종종 파리를 피하거나 더위를 식히기 위해 물속으로 들어가며 폭 8km의 강과 호수를 쉽게 건널 수 있습니다.

과거부터 호피를 노리는 사람들의 과도한 사냥으로 개체수가 급감하여 현재 한국에서는 동물원에서만 볼 수 있습니다.

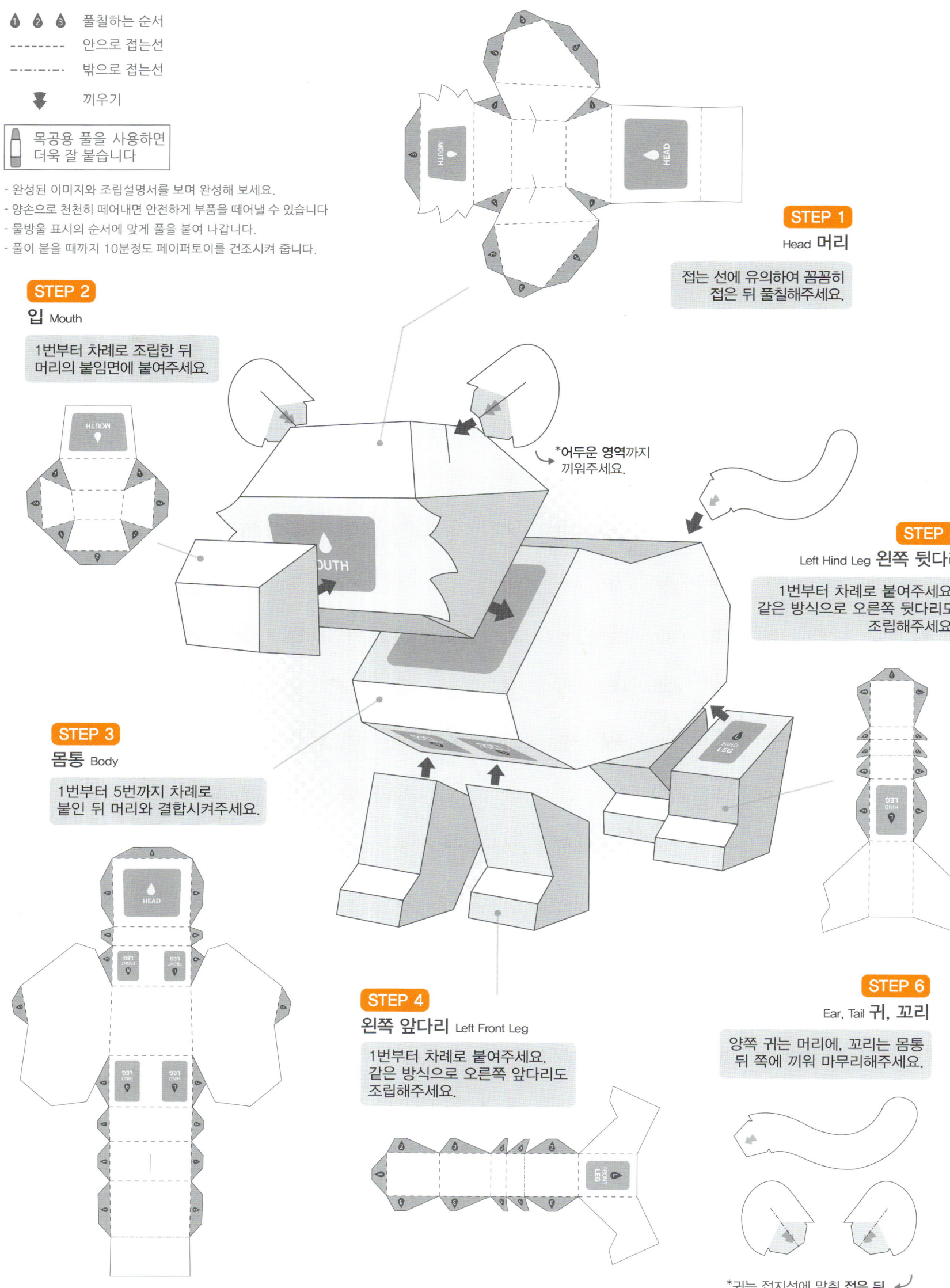

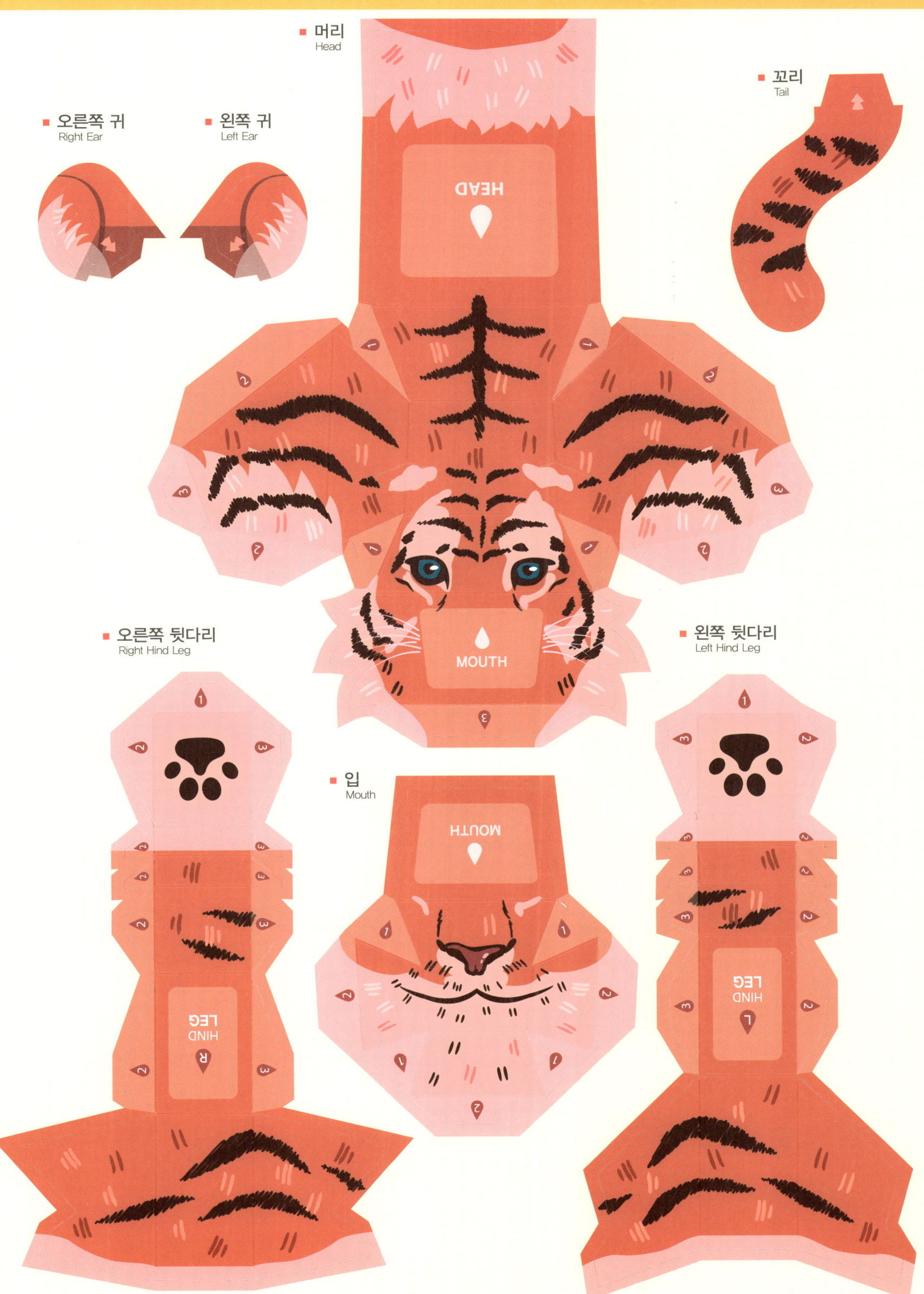

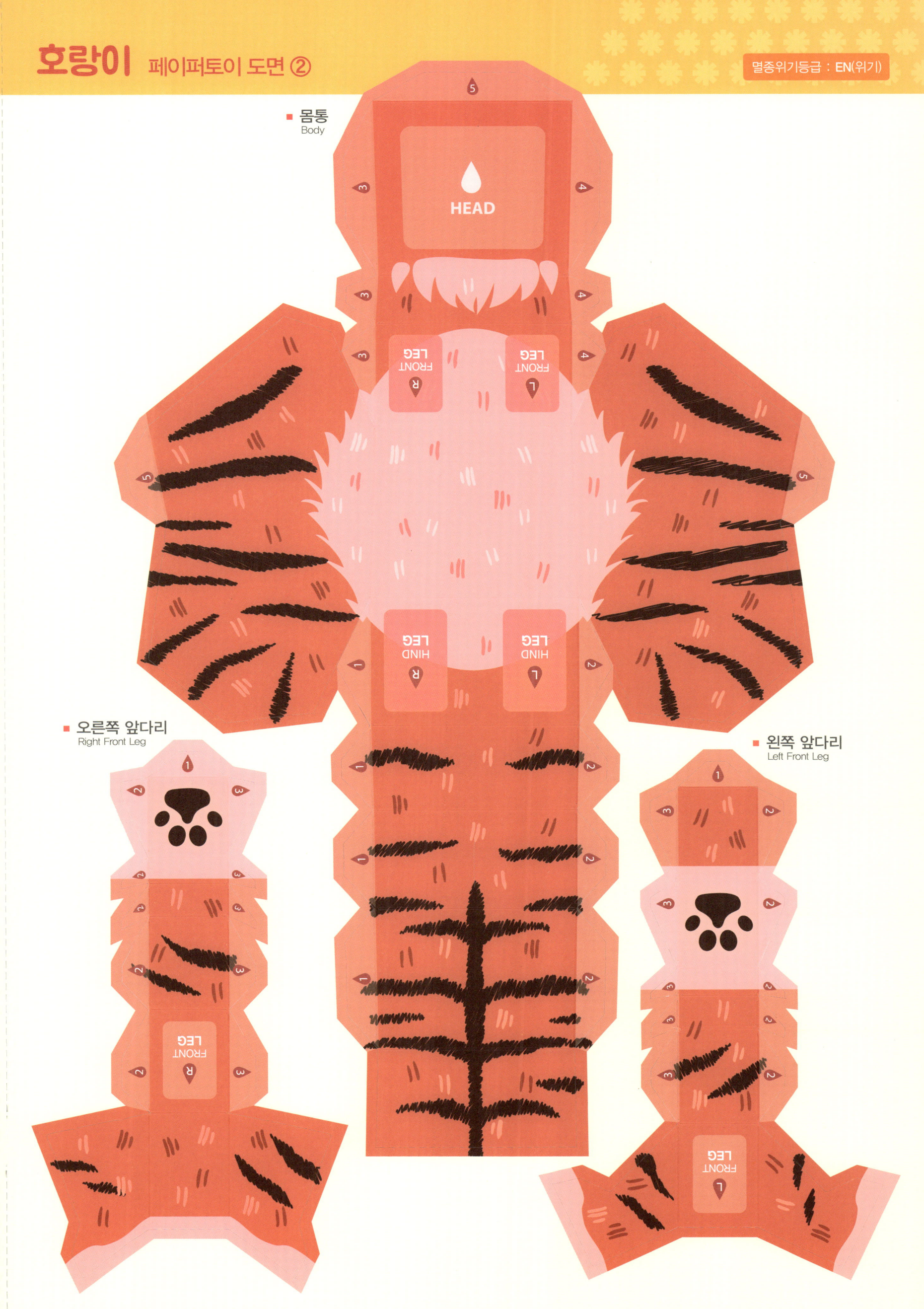

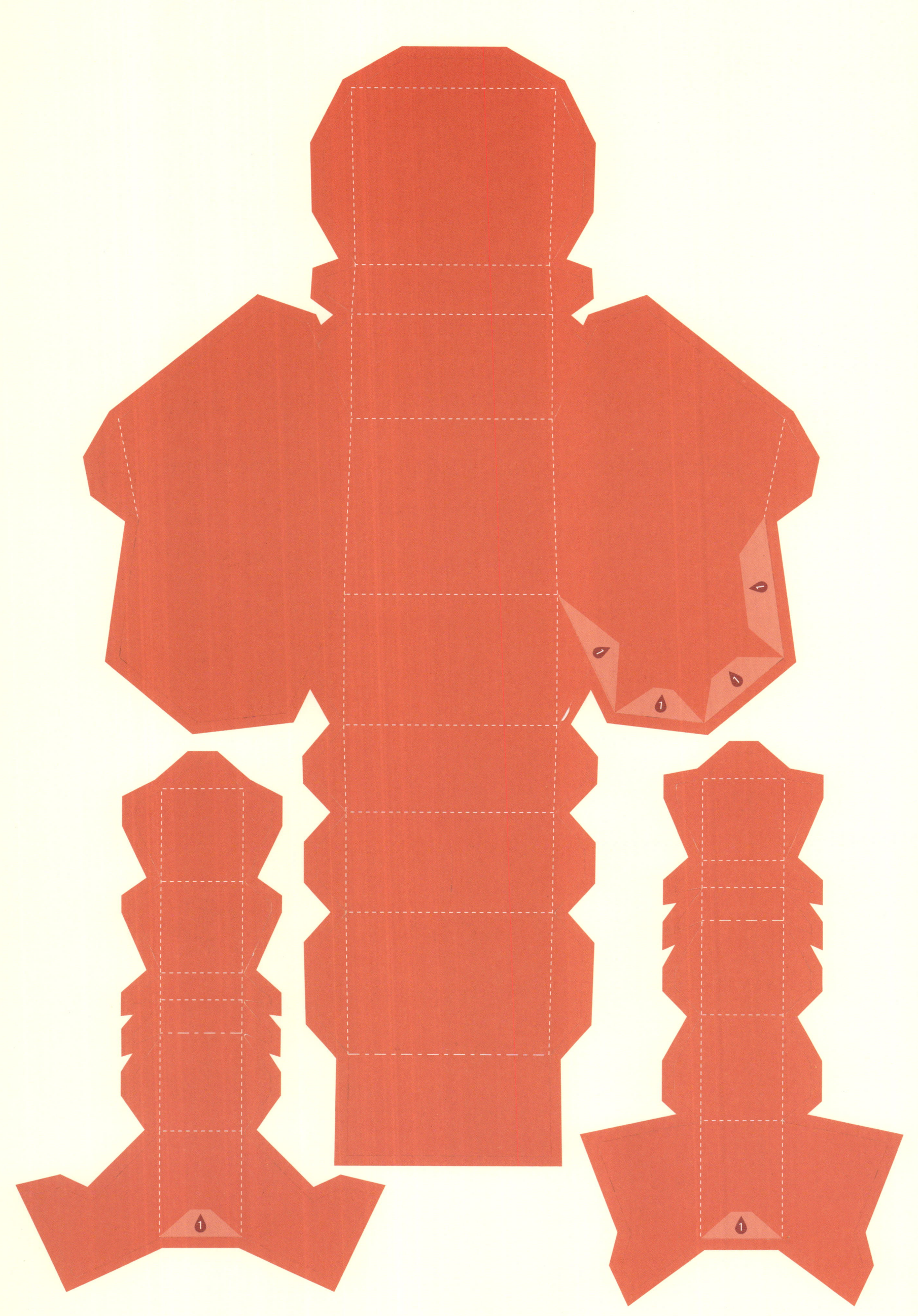

# 맨드릴개코원숭이 Mandrill

아프리카에 분포하며 짙고 화려한 색의 얼굴을 가진 개코원숭이입니다.

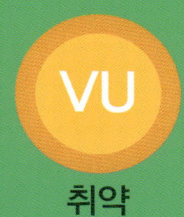
VU
취약

[맨드릴개코원숭이 분포도]

- **학명**: Mandrillus sphinx
- **크기**: 80cm
- **수명**: 약 40년
- **멸종위기등급**: IUCN Red List 취약 (VU)

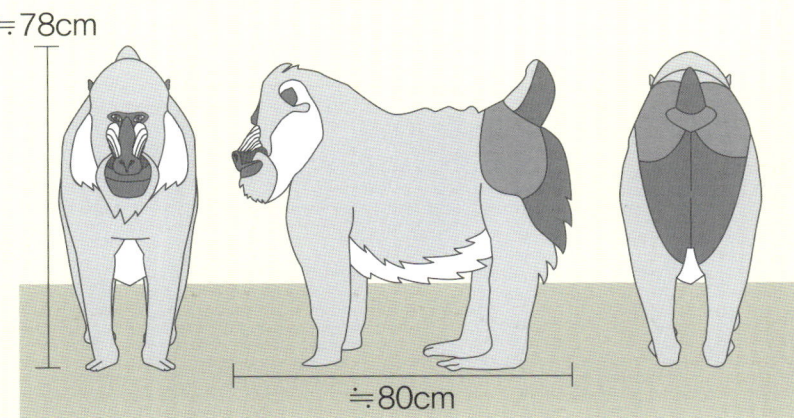

맨드릴은 서부 중앙아프리카에 사는 큰 원숭이입니다. 얼굴과 뒤쪽에 붉고 푸른 피부를 가진 다채로운 포유동물 중 하나입니다.

맨드릴은 주로 열대 우림에서 살지만, 사바나를 가로지르기도 합니다. 낮 동안 활동적이고 대부분의 시간을 땅에서 보냅니다. 맨드릴은 잡식성 동물입니다. 먹이의 핵심은 식물로 선호하는 음식은 과일과 씨앗이지만, 곤충에서 어린 영양에 이르기까지 잎, 물갈퀴, 버섯, 그리고 동물들을 먹습니다. 우기에는 과일을 가장 많이 구할 수 있는 숲에서 먹이를 찾고, 건기에는 갤러리 숲과 사바나 숲의 경계에서 먹이를 먹습니다. 맨드릴은 수백 마리에 달하는 크고 안정적인 그룹에서 삽니다.

전체 개체수는 알려지지 않았지만 지난 24년 동안 30% 이상 감소한 것으로 추정됩니다. 멸종위기의 가장 큰 원인은 서식지 감소와 맨드릴 고기를 얻기 위한 인간의 사냥입니다.

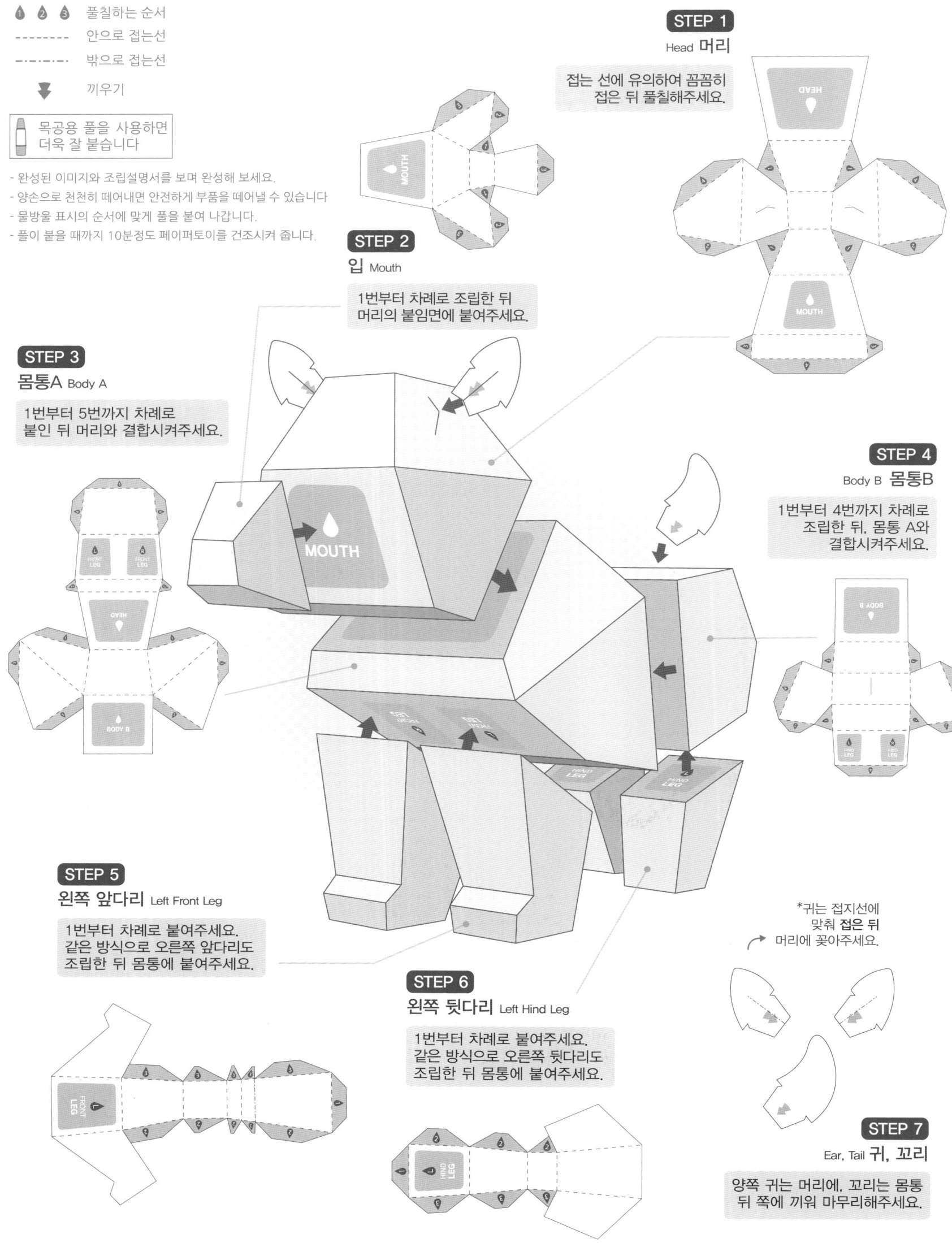

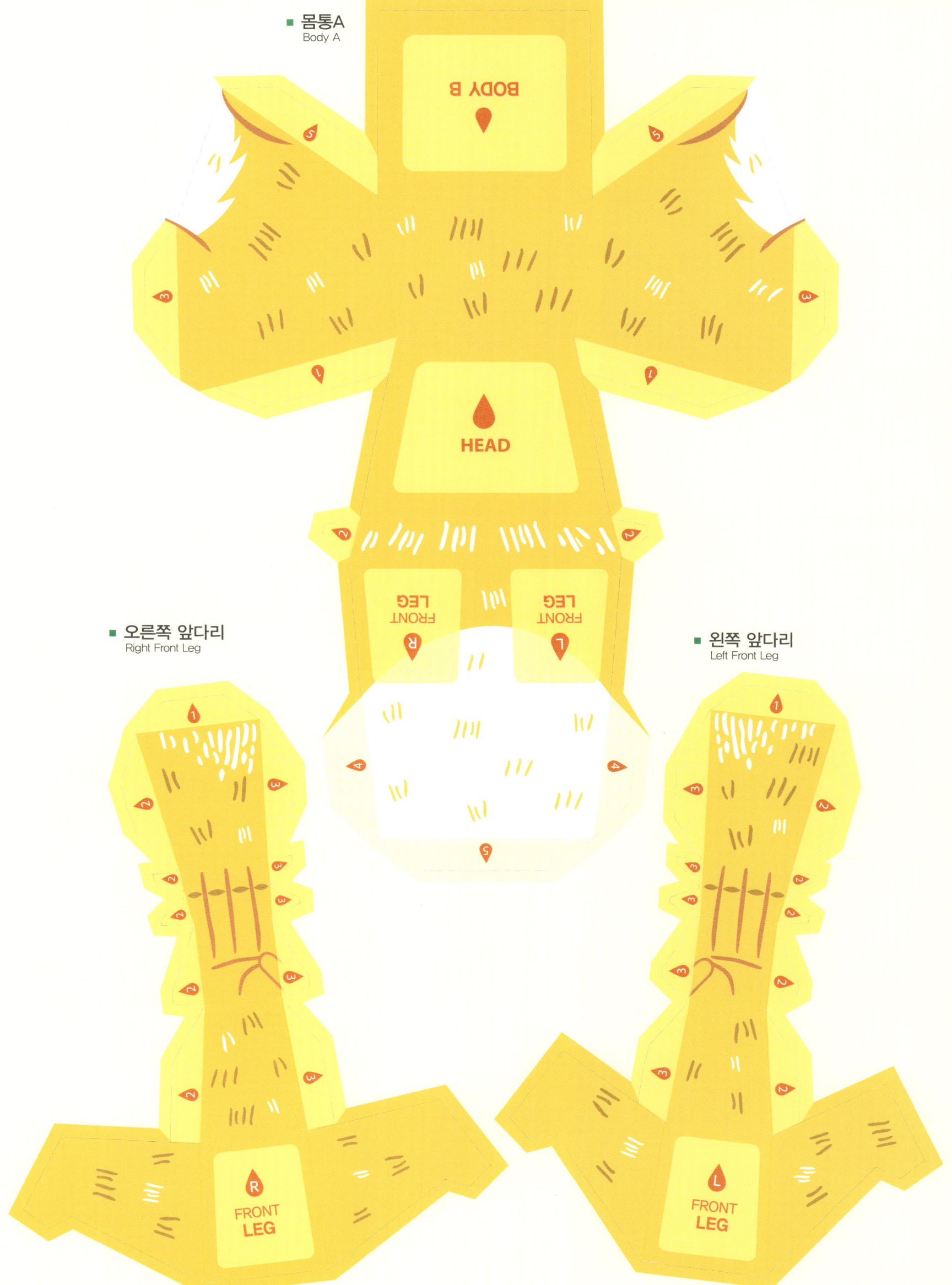

# 메이저미첼코카투 Major Mitchell's cockatoo

호주의 건조한 내륙 지역에 서식하며 화려하고 다양한 색의 볏을 가진 유일한 관앵무입니다.

최소관심

[메이저미첼코카투 분포도]

- **학명**         Lophochroa leadbeateri
- **크기**         35~40cm
- **수명**         약 60~83년
- **멸종위기등급**   IUCN Red List 최소관심 (LC)

≒37cm

≒30cm

중간 크기의 앵무새이며 부드러운 질감의 흰색과 연분홍 깃털, 크고 밝은 빨간색과 노란색 볏이 있는 이 새는 종종 모든 앵무새 중에서 가장 아름답다고 알려져 있습니다.

메이저미첼코카투는 호주의 건조 혹은 반건조한 내륙지역에 서식하지만 예외로 퀸즐랜드 남동부 아열대 지역에서 정기적으로 발견되곤 합니다. 서식지로 광범위한 삼림지대를 필요로 하며, 특히 침엽수 및 유칼립투스를 선호합니다. 특히 머리 위에 있는 깃대 모양 장식을 세웠을 때가 가장 화려합니다.

암컷과 수컷이 거의 동일하지만 수컷이 일반적으로 더 큽니다. 암컷은 볏에 더 넓은 노란색 줄무늬가 있고 성장하면 붉은 눈이 생깁니다.

외국에서도 이러한 모습 덕분에 애완용으로 길러지기도 합니다만, 울음소리가 매우 크고 시끄럽기 때문에 아파트같이 밀집된 거주지역에서 기르는 것은 적합하지 않습니다.

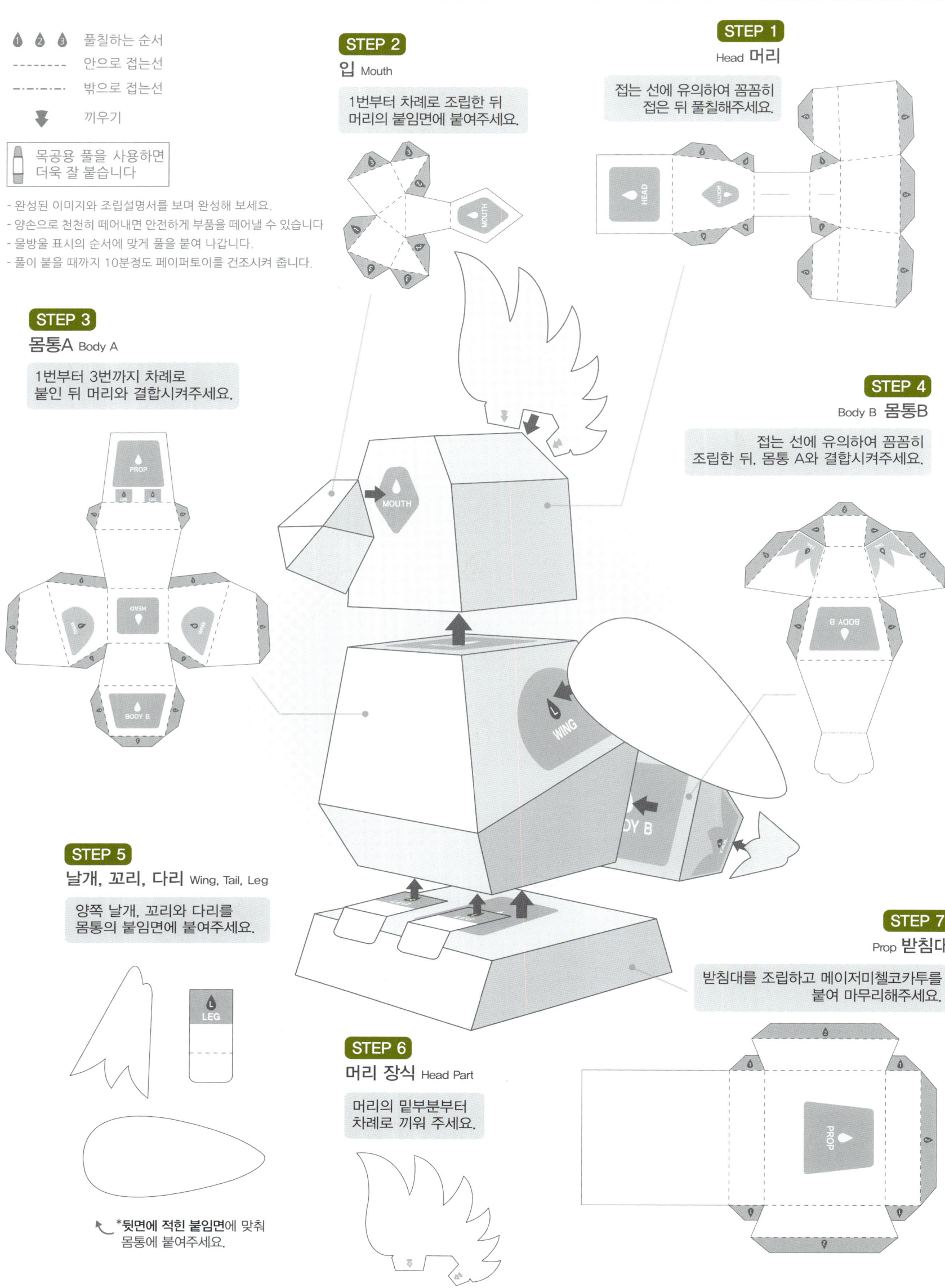

# 올빼미 Owl

어두운 숲속에서 은밀하고 정확하게 먹잇감을 노리는 사냥꾼입니다.

최소관심

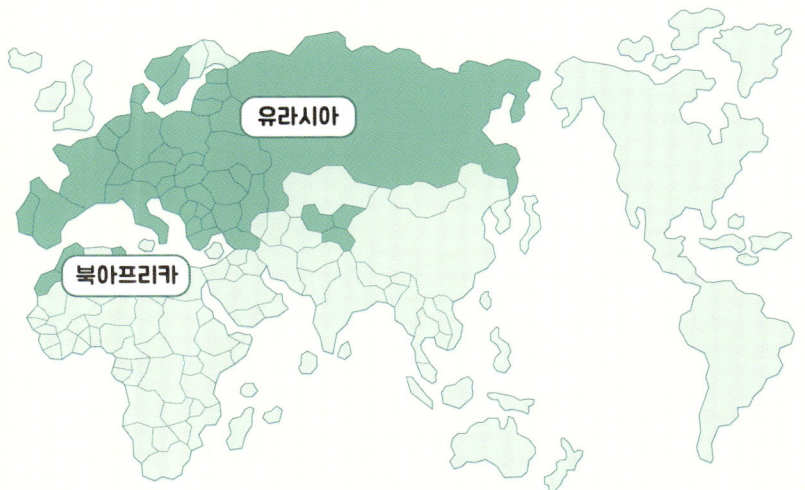

[올빼미 분포도]

- **학명**    Strix aluco
- **크기**    37~46cm
- **수명**    약 25년
- **멸종위기등급**    IUCN Red List 최소관심 (LC)

≒41cm
≒34cm

올빼미는 올빼미과의 야행성 맹금류입니다. 중간 크기의 다부진 몸집을 가지고 있습니다. 유라시아에서 흔하게 발견됩니다. 배에는 밝고 어두운 무늬가 있으며, 등은 대개 갈색 또는 회색입니다. 올빼미는 보통 나무의 구멍 속을 둥지로 삼아 알과 새끼를 보호하며 삽니다.

먹이는 주로 한입에 꿀꺽 삼키고, 소화 불가능한 부위들은 나중에 토해냅니다. 올빼미의 시각과 청각은 조용한 비행과 야간 사냥에 특화되어 있습니다. 다른 종의 올빼미들은 다른 소리를 냅니다. 이러한 울음소리의 분포는 올빼미들이 짝을 찾거나 잠재적인 경쟁자들에게 그들의 존재를 알리는 데 도움을 주며, 조류학자들이 이 새들을 찾고 종을 구별하는 데에도 도움을 줍니다. 올빼미는 원시를 가지고 있어 가까운 물체는 잘 보지 못하지만, 소리 없이 날기 때문에 먹이를 발견하면 쉽게 낚아챌 수 있습니다.

올빼미는 둥지와 새끼를 지키는 데 있어 겁이 없으며, 올빼미의 다른 종들이 그러하듯 날카로운 발톱으로 침입자의 머리통을 위에서부터 내려찍어 공격합니다.

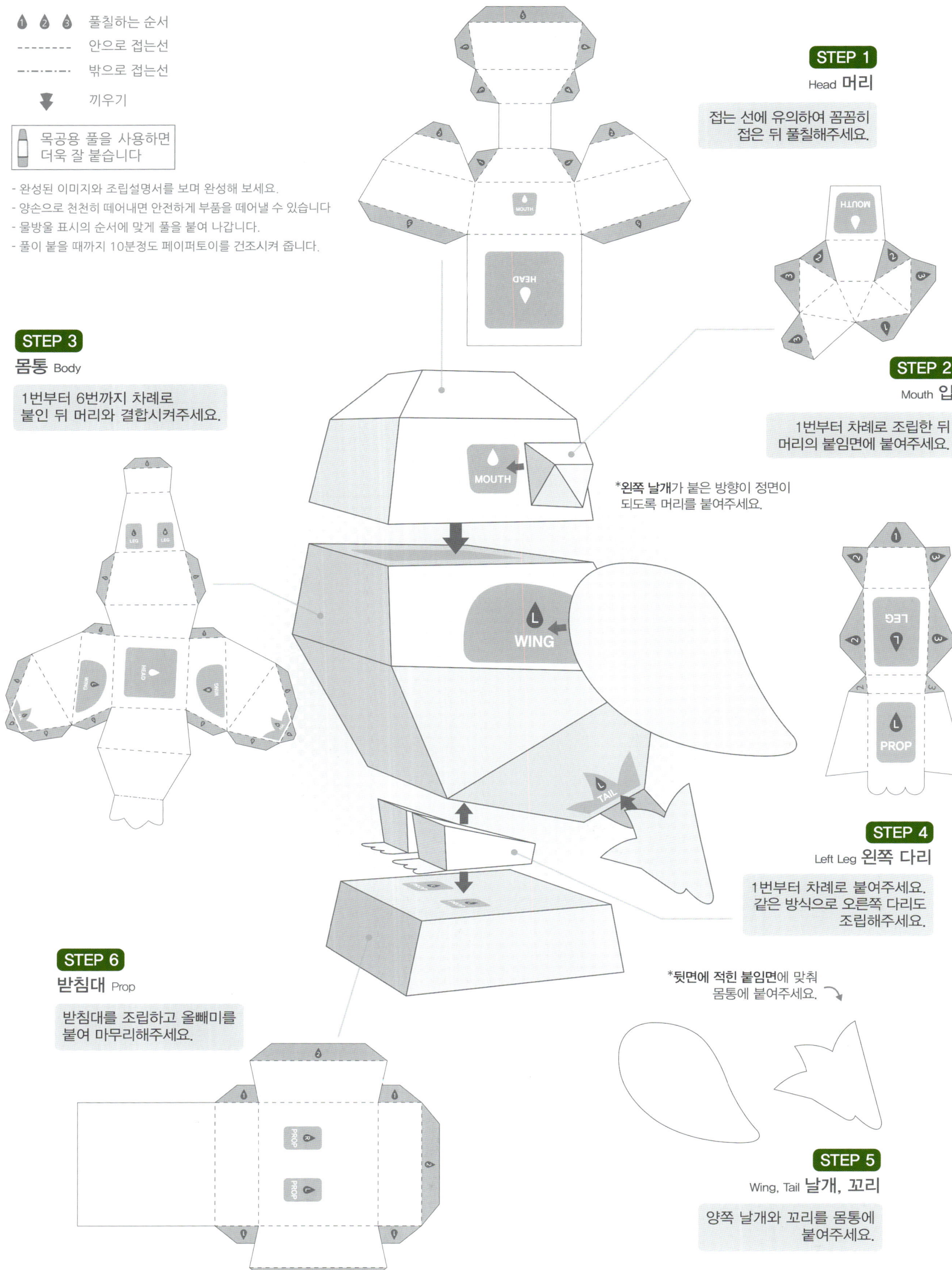

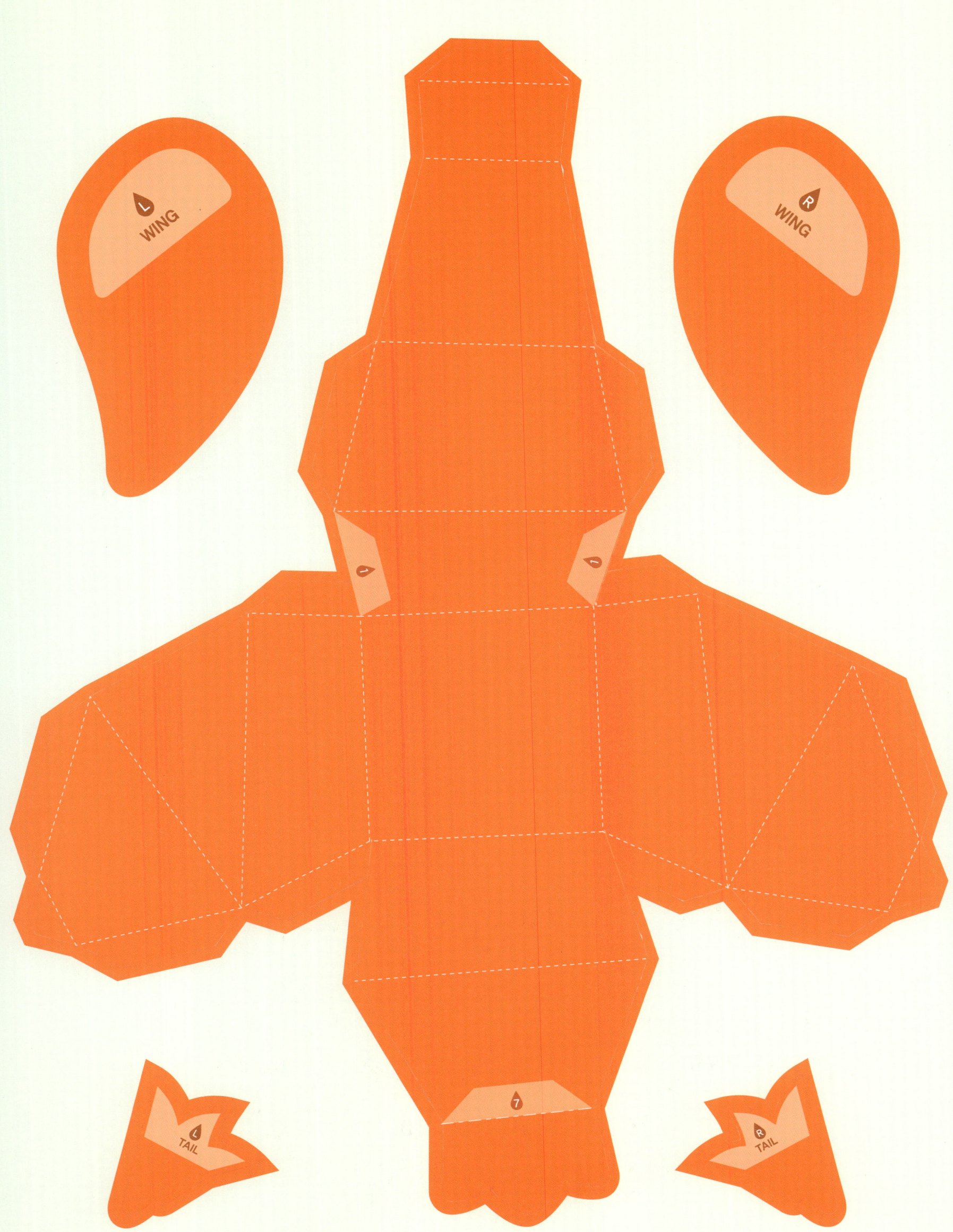

# 산양 Long-tailed goral

주로 가파른 바위가 있거나 다른 동물이 접근하기 어려운 위험한 산악 지대에 서식합니다.

취약

[산양 분포도]

- **학명**　　　　Naemorhedus goral
- **크기**　　　　100~130cm
- **수명**　　　　약 17년
- **멸종위기등급**　IUCN Red List 취약 (VU)

≒92cm ≒115cm

산양은 소과에 속하며 세계적으로 좁은 지역에 겨우 5종밖에 알려져 있지 않습니다. 시베리아, 중국 지역과 우리나라 설악산, 오대산, 대관령, 태백산 일대에 분포되어 있습니다.

경사진 바위틈에서 살며 사람이나 다른 동물들이 드나들 수 없는 바위 구멍에 보금자리를 만듭니다. 보통 1~3마리의 새끼를 낳으며 2~5마리가 모여 생활합니다. 일정한 장소에서 떠나지 않고 살며 멀리 갔다가도 되돌아오는 성질이 강한 동물입니다.

산양은 초식성 동물로 독이 있는 풀을 빼고 온갖 풀을 좋아합니다. 또한 바위이끼, 꽃잎, 나무 열매와 나뭇잎도 즐겨 먹습니다. 이른 봄에 나는 새순에 영양이 풍부하므로 새싹을 더 좋아합니다. 먹이가 부족한 겨울에는 주로 마른 풀잎과 나뭇잎을 먹습니다.

서식지 훼손과 밀렵 등이 산양의 생존을 위협하고 있습니다. 대한민국에서는 가죽을 노린 사냥과 쥐약 살포의 결과로 야생에서 거의 멸종된 것으로 생각되었을 만큼 수가 줄어들었습니다.

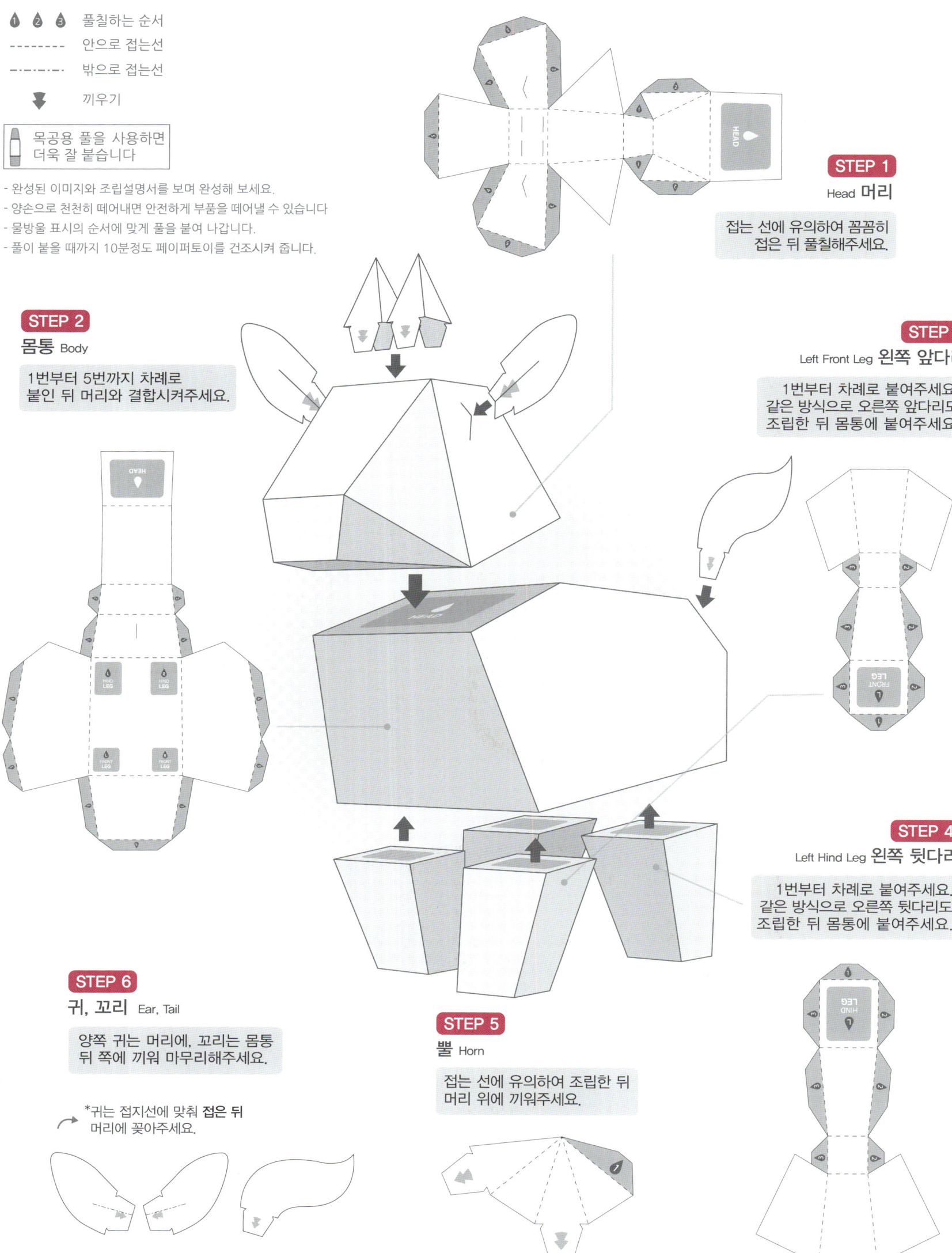

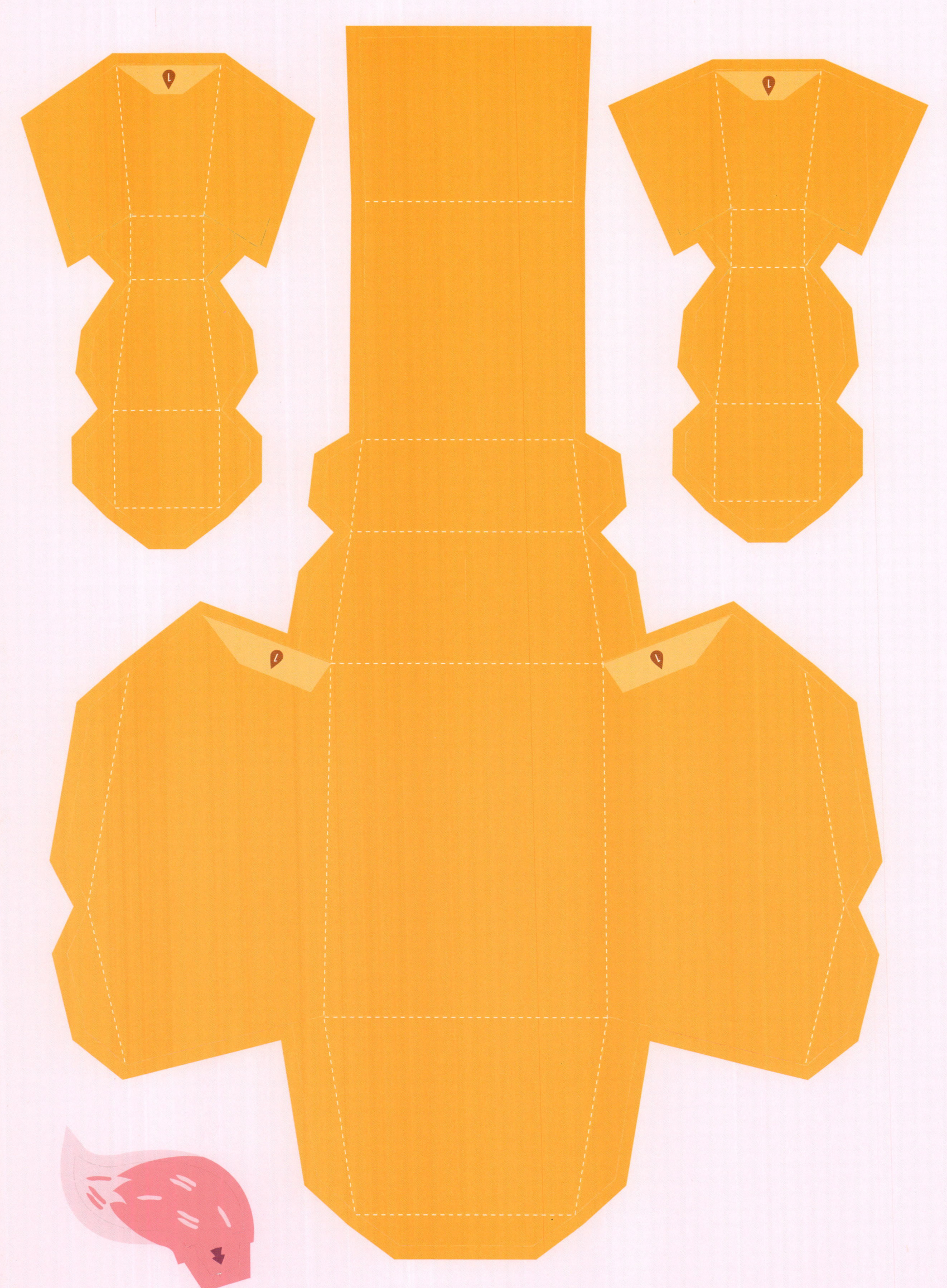

# 그레비얼룩말 Grevy's zebra

흑백 얼룩무늬를 가진 아프리카를 대표하는 유명한 동물 중 하나입니다.

위기

[그레비얼룩말 분포도]

- **학명**     Equus grevyi
- **크기**     110~150cm
- **수명**     약 25년
- **멸종위기등급**     IUCN Red List 위기 (EN)

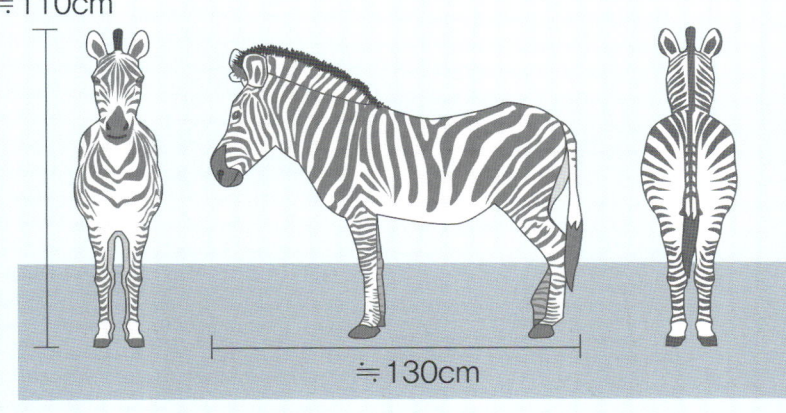

그레비얼룩말은 현존하는 야생 얼룩말 중 가장 크고 세 종의 얼룩말 중에서 가장 멸종의 위협을 받고 있습니다. 케냐와 에티오피아의 일부 지역에서 발견됩니다.

가장 눈에 띄는 특징인 흑백 줄무늬는 인간의 지문처럼 개체마다 가지각색입니다. 얼룩말이 이러한 무늬를 가지게 된 정확한 이유는 아직 밝혀지지 않았습니다. 현재까지는 얼룩말의 피를 빠는 흡혈파리에게서 자신을 보호하기 위한 수단이라는 가설이 유력한 이유 중 하나입니다.

수십 수천 마리가 큰 무리를 지어 다른 초식동물과 함께 지냅니다. 주요 먹이는 풀이며, 줄기가 단단한 풀도 먹을 수 있습니다. 얼룩말은 뒷발굽으로 걷어차는 힘이 매우 강해서 맹수들도 크게 다치거나 죽기도 합니다.

그레비얼룩말의 모피는 예로부터 양탄자나 외투의 재료로 쓰여서 무분별하게 사냥당했고, 이 때문에 서식지까지 줄어 멸종위기종이 되었습니다. 이를 막기 위해 플로리다에서 종 생존을 위한 보존 센터와 인공수정에 대한 연구가 진행 중입니다.

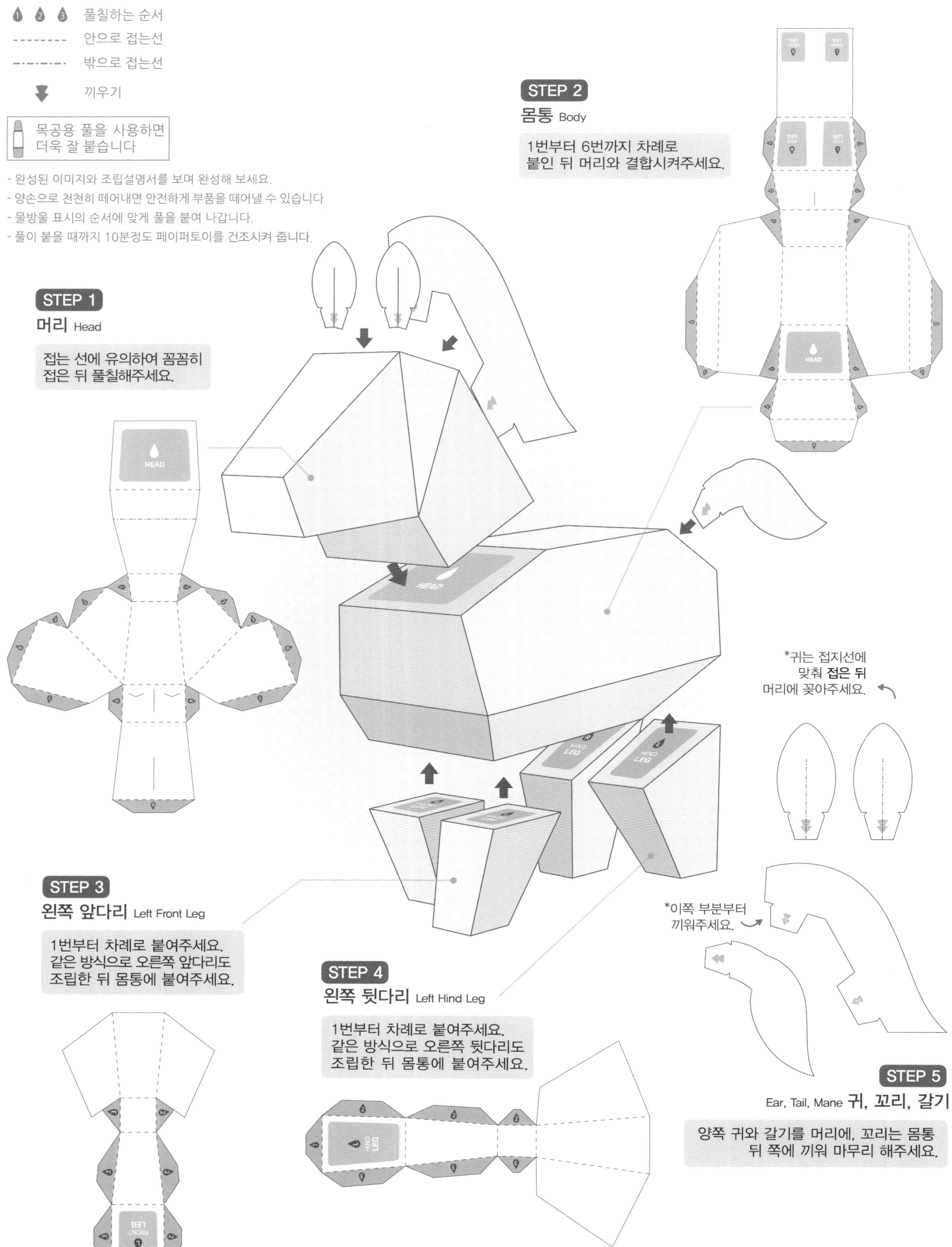

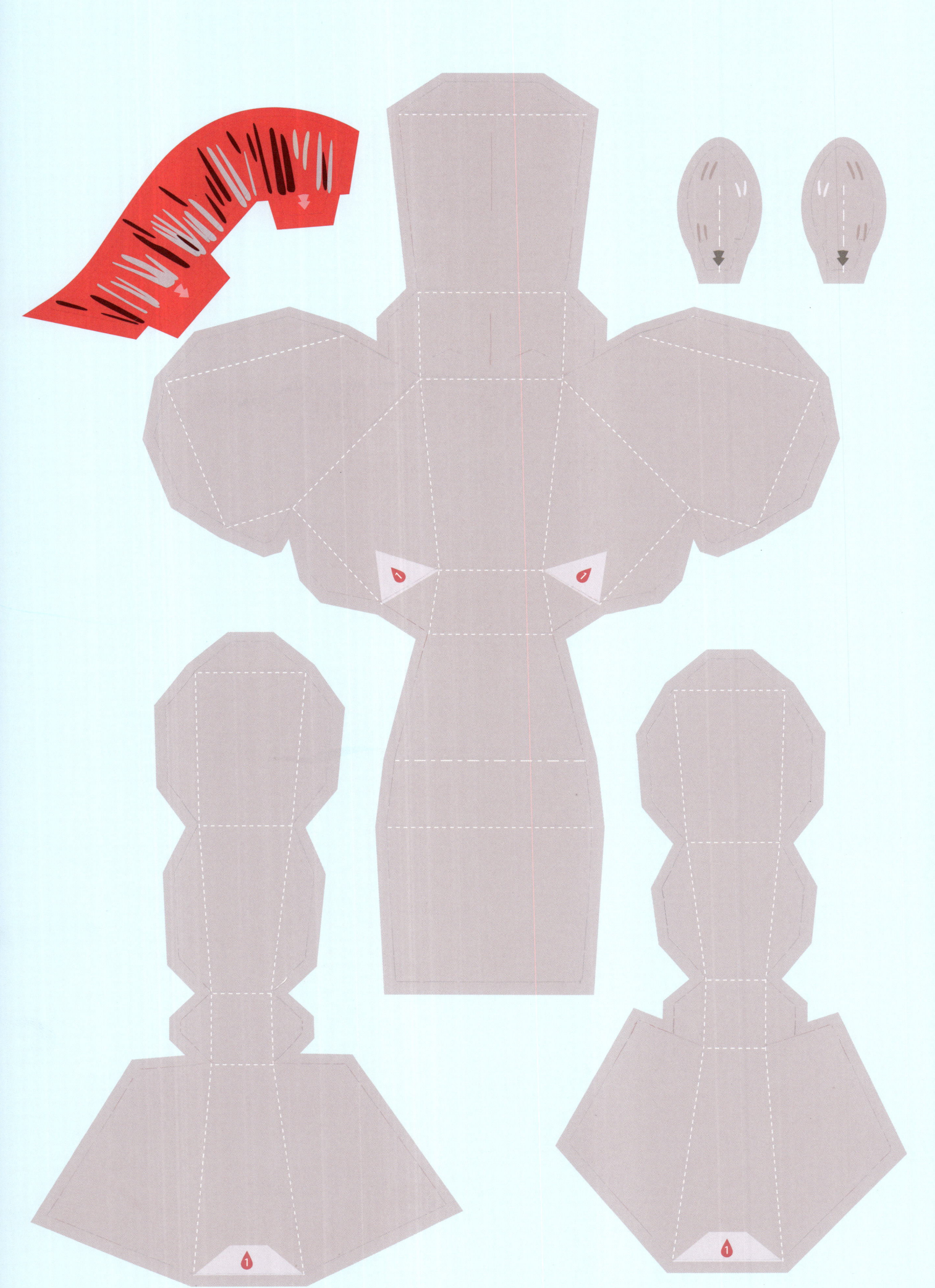

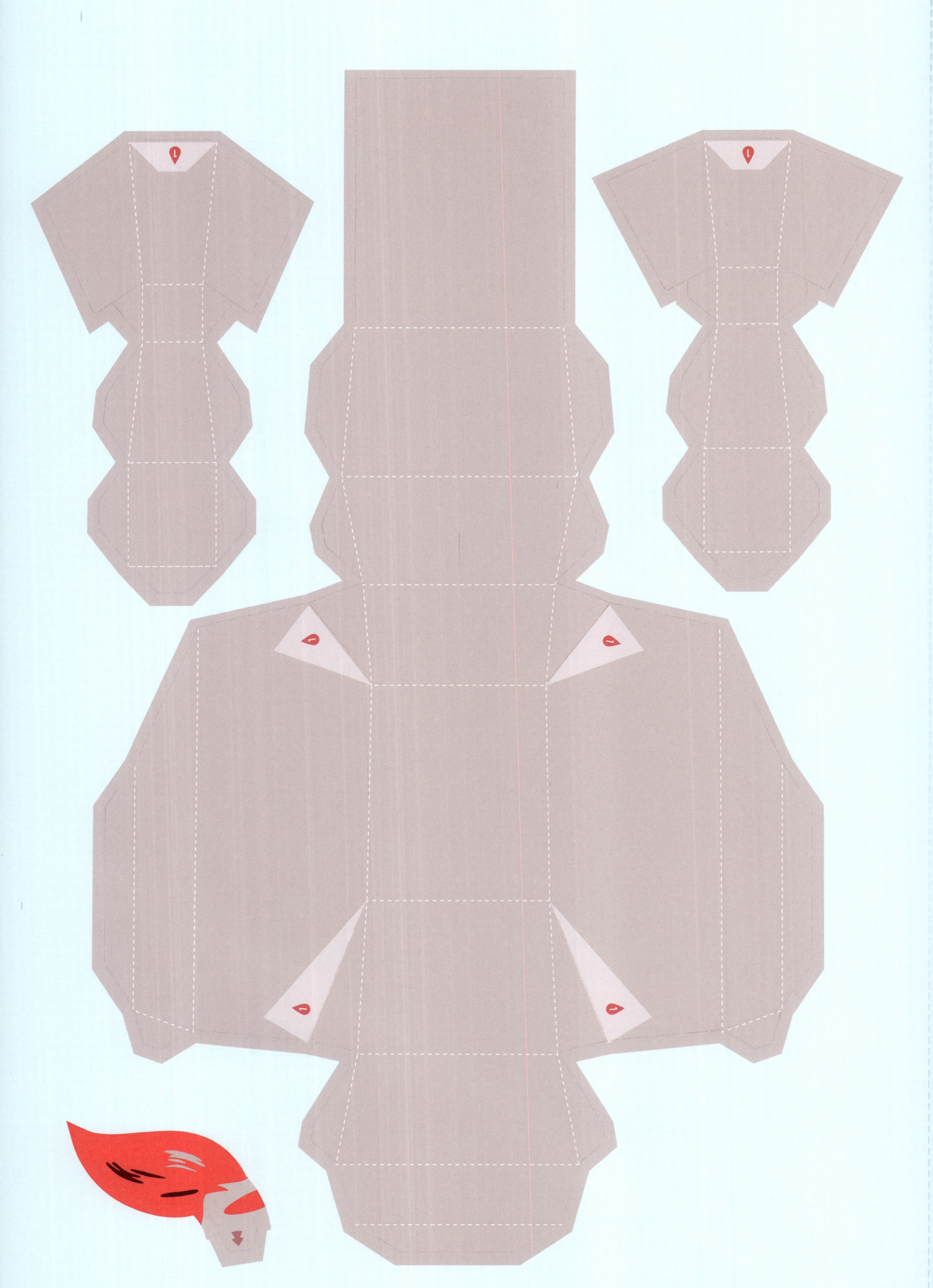

# 동물 페이퍼토이 북
## Papertoy Book — Endangered Animal

**멸종위기동물**

### 동물 페이퍼토이 북 멸종위기동물

기후변화, 밀렵, 서식지 파괴 등 여러 이유로 생존을 위협받는 10종의 멸종위기동물들을 소개합니다.

멸종위기동물 페이퍼토이를 내 손으로 직접 만들어 보며 각 동물의 특징과 서식지, 멸종위기의 이유 등을 학습할 수 있고 환경 및 생태계 파괴에 대한 문제의식을 전달합니다.

멸종위기동물을 보호하기 위한 가장 근본적인 해결책은 우리의 작은 관심으로부터 시작됩니다. 사라져가는 멸종위기동물들에 대해 알아보고 동물들을 지킬 수 있는 방법을 함께 찾아보아요!

## 구성
10종의 멸종위기동물에 대한 설명과 조립방법, 도면으로 구성되어 있습니다.

 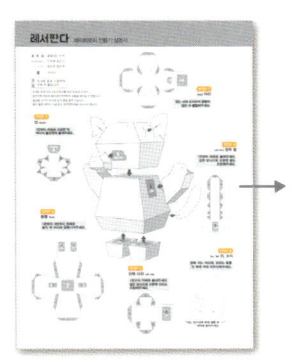

각 동물에 대한 내용을 살펴본 뒤 설명 페이지를 보며 조립해보세요.

동물에 대한 설명과 조립방법

 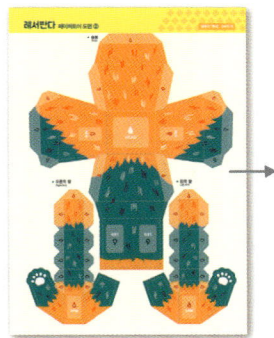

붙임면에 적혀진 오른쪽 왼쪽 방향을 잘 확인한 뒤 붙여주세요.

동물 페이퍼토이 도안 ①, ②

## 페이퍼토이 만드는 방법

만들고 싶은 동물 페이퍼토이를 선택한 후, 도안을 천천히 뜯어 점선을 따라 접어주세요.

물방울에 적힌 순서에 맞게 풀을 발라 붙여줍니다.

동물 페이퍼토이 완성

## 페이퍼토이 북 시리즈 위인 페이퍼토이 북 나라를 지킨 장군들 **BEST**

### 내 손으로 만드는 위인전

DNA디자인 페이퍼토이 북 첫번째 시리즈 위인 페이퍼토이 북 나라를 지킨 장군들편에서는 책 한 권으로 10가지의 페이퍼토이를 만날 수 있습니다.

대한민국 역사 속 위인 페이퍼토이 북 장군 편에 담긴 애국심과 책임감, 죽음을 두려워하지 않고 싸우는 용맹함을 페이퍼토이로 만나보세요.

완성한 후에는 활동지를 통해 위인의 업적, 명언, 일화 등을 학습할 수 있습니다. 위인 페이퍼토이 북과 함께 세상을 빛낼 나의 역사를 써볼까요?

#페이퍼토이 #창의력 #역사학습 #교육 #두뇌발달 #위인 #장군

# DNA디자인스튜디오 페이퍼토이

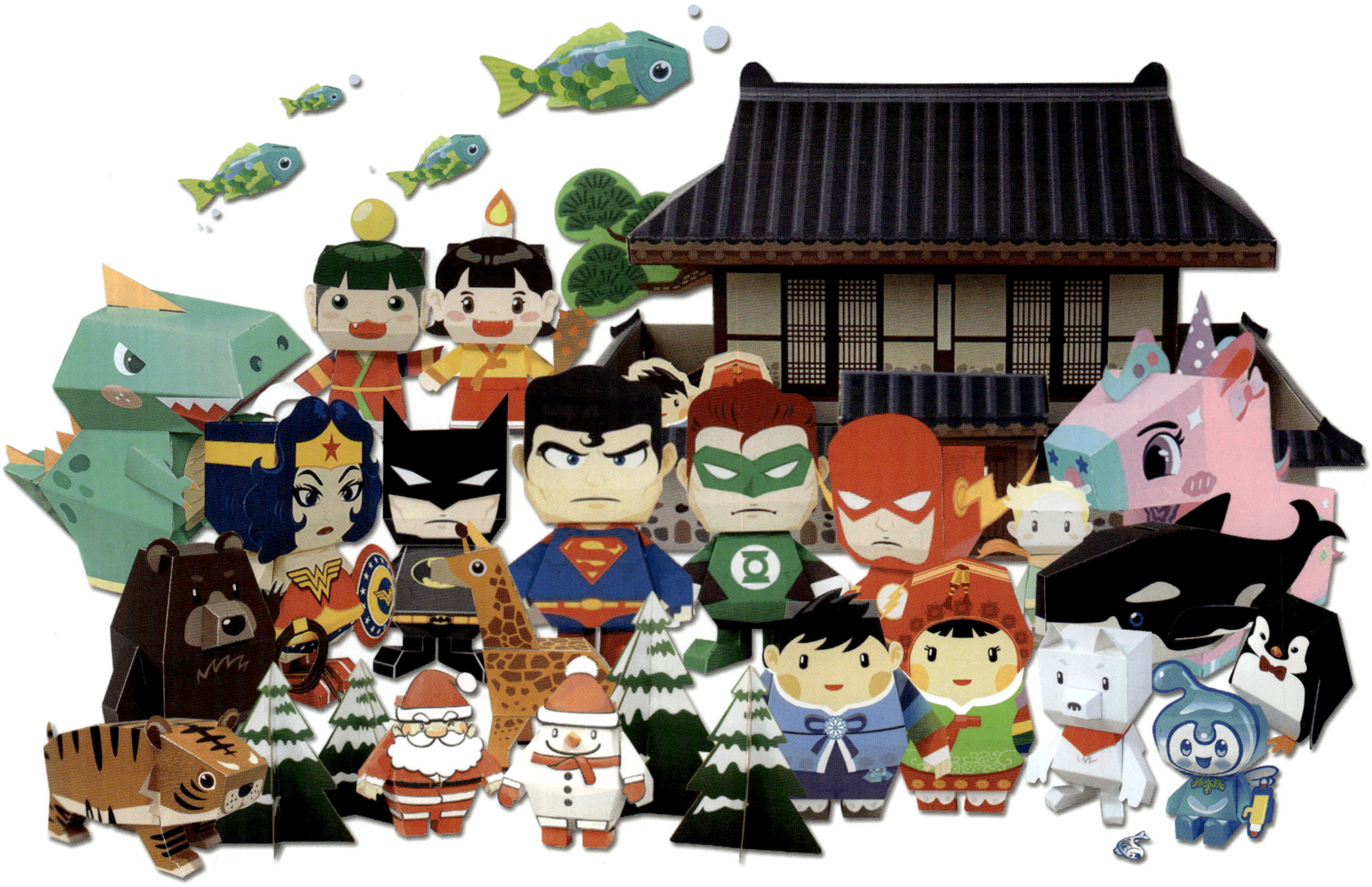

## 무궁무진한 페이퍼토이의 매력!

DNA페이퍼토이는 종이로 만드는 아트토이로 입체조형에 대한 이해를 높일 수 있는 친환경 에듀테이먼트 체험교구재입니다. 평면적인 2D 표현기법을 입체적으로 표현하면서 공간 지각 및 창의력을 향상하는 데에 도움을 줍니다. 페이퍼토이를 완성하며 자연스럽게 스토리텔링을 하고, 더 나아가 자신의 개성을 표현할 수도 있습니다. 심리적 안정, 교육 교구재, 집중력 향상, 창의력 발달, 두뇌 자극 등 언제 어디에서든 활용이 가능한 무궁무진한 매력의 DNA페이퍼토이를 만나보세요!

## 페이퍼토이 브랜드 콜라보레이션

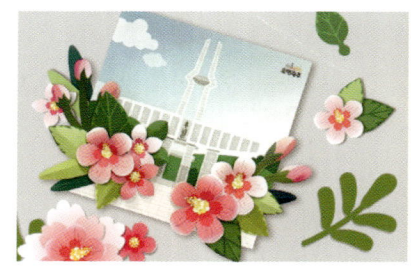

오매광주 광주관광컨벤션뷰로 체험형상품 랜드마크 5·18 기념탑 데코팩

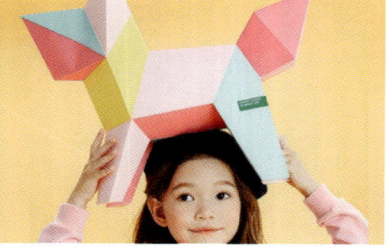

UNITED COLORS OF BENETTON. 베네통키즈 심볼 볼피 캐릭터 페이퍼 오브제 시리즈 개발

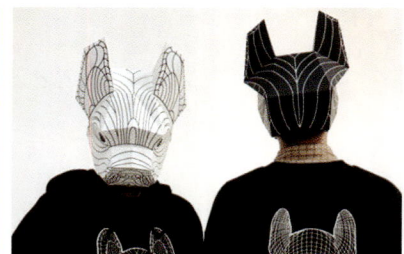

LifeWork HIDEAWAY 라이프워크 심볼 캐릭터 라독 페이퍼 오브제 개발

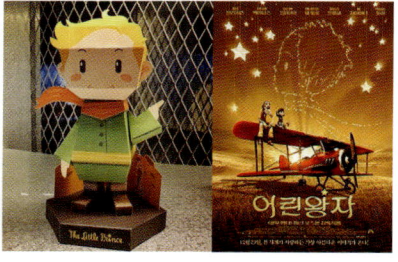

CGV 어린왕자 캐릭터 페이퍼토이 프로모션 전용 상품개발

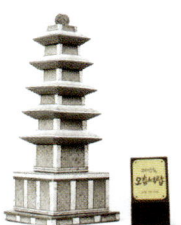

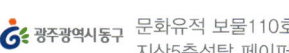

광주광역시 동구 문화유적 보물110호 지산5층석탑 페이퍼토이

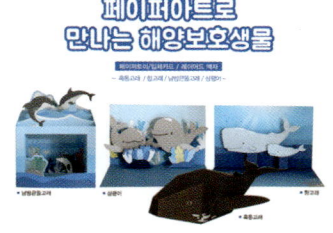

국립해양생물자원관 국립해양생물자원관 페이퍼토이/입체카드/레이어드 액자

국립광주박물관 국립광주박물관 여수 사파리 미니 오토마타

국립광주박물관 국립광주박물관 모모부인/두두장군 페이퍼토이

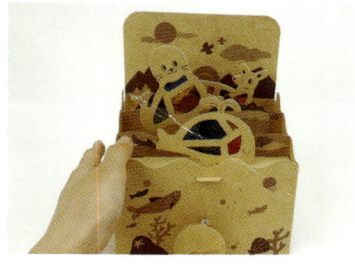

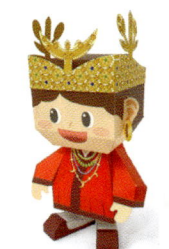

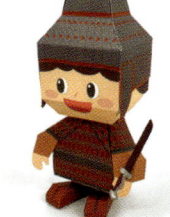

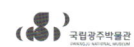